Antike Mythen in der Kunst

Antike Mythen in der Kunst

100 Meisterwerke

Von
Lars Olof Larsson

Mit 100 Abbildungen

Reclam

RECLAMS UNIVERSAL-BIBLIOTHEK Nr. 19671
2009, 2020 Philipp Reclam jun. Verlag GmbH,
Siemensstraße 32, 71254 Ditzingen
Umschlagabbildung: Botticelli, *Geburt der Venus*
Druck und Bindung: Esser printSolutions GmbH,
Untere Sonnenstraße 5, 84030 Ergolding
Printed in Germany 2023
RECLAM, UNIVERSAL-BIBLIOTHEK und
RECLAMS UNIVERSAL-BIBLIOTHEK sind eingetragene Marken
der Philipp Reclam jun. GmbH & Co. KG, Stuttgart
ISBN 978-3-15-019671-7
www.reclam.de

Inhalt

Antike Mythologie in der bildenden Kunst vom Mittelalter bis heute

Die antike Mythologie heute

Auch wenn uns die antike griechische und römische Kultur mit ihren Göttern und Heldensagen ferner denn je zu sein scheint, sind diese in unserer modernen Alltagswelt noch viel gegenwärtiger, als uns vielleicht bewusst ist. Zwar spielt humanistisches Bildungsgut selten eine Rolle in der aktuellen Kultur, dem Nutzer von Internet sind die »Trojaner« dennoch wohlbekannt. Jeder wusste auch, was gemeint war, als vor kurzem die kriegsskeptischen Länder des »alten Europa« »Kinder der Venus« gescholten wurden – im Gegensatz zu den Nationen des »neuen Europa«, deren Leitstern angeblich Mars sei. Auch in der trivialen Welt des Kommerzes werden die alten Götter und Helden gern bemüht, sei es, dass ein Warenhaus »Merkur«, ein Rasiergerät für Frauen »Venus«, ein Fahrrad »Hermes« oder ein Bagger »Herkules« genannt werden. Und der flinke Fleuropbote ist natürlich kein anderer als der Götterbote Merkur, der sich in unseren Dienst gestellt hat.

Wir sind auch von Bildern der antiken Götter umgeben. Wer kennt nicht einen Springbrunnen, der von dem Meeresgott Neptun geschmückt ist, oder Standbilder antiker Götter und Göttinnen in Parks und auf öffentlichen Plätzen? Ihre Herkunft aus der antiken Mythologie ist den meisten sicher bekannt, wenn auch für viele eine genaue Identifikation vielleicht eher Glückssache wäre.

Die Beispiele könnten leicht vermehrt werden. Sie sind Zeugen und Relikte der Kultur einer Epoche, die im späten Mittelalter beginnt und – wenn auch am Ende stark geschwächt – bis ins 21. Jahrhundert reicht.

Diese Tradition ins Bewusstsein zu rufen und den Blick

dafür zu öffnen, wie wichtig die Auseinandersetzung mit der antiken Mythologie für die Kunst seit der Renaissance war, ist das Anliegen dieses Buches.

Inhalt und Struktur

Anhand von hundert Beispielen soll gezeigt werden, wie Künstler aus verschiedenen Ländern und Epochen Themen und Motive der antiken Mythologie in ihrer Kunst dargestellt haben. Die Beispiele werden in chronologischer Folge vorgestellt. Die Auswahl wurde von der Absicht geleitet, ein möglichst reichhaltiges und systematisches Bild der antiken Mythologie zu geben. Gleichzeitig soll aber auch gezeigt werden, wie zu verschiedenen Zeiten und in verschiedenen Milieus die antiken Stoffe Zwecken der Gegenwart gedient haben. Daher werden manche Themen mehrmals vorgestellt, weil so die Unterschiede deutlicher zu erkennen sind. Dass sich dadurch die Zahl der Themen verringert, ist der Preis, der für die Vergleichbarkeit zu zahlen war. Jeder kundige Leser wird in der vorliegenden Auswahl daher leicht Lücken finden und Themen nennen können, die es ebenso gut verdient hätten, aufgenommen zu werden.

Die Auseinandersetzung mit der antiken Mythologie war nie auf die großen süd- und westeuropäischen Kulturnationen beschränkt, und sie war auch nicht nur eine Angelegenheit der Renaissance und des Barock. Um das deutlich zu machen, wurden die Beispiele aus möglichst vielen Ländern und aus allen Jahrhunderten vom späten Mittelalter bis in unsere Zeit gewählt.

Diese Vielfalt war in dem gegebenen Rahmen nur dadurch möglich, dass jeder Künstler – mit nur zwei Ausnahmen – lediglich mit einem Werk vertreten ist. In einigen Fällen ist das ein schmerzlicher Verzicht. Man denke nur an Künstler wie Tizian, Rubens, Poussin, Canova oder Böcklin, um nur einige zu nennen, deren intensive Beschäftigung mit der antiken Mythologie durch diese Einschränkung zu einseitig dargestellt wird. Dafür konnten viele andere Künstler berücksichtigt werden, die zwar weniger bekannt sind, deren Arbeiten aber davon Zeugnis ablegen, dass die Auseinandersetzung mit der antiken Mythologie nicht auf einzelne große Kulturländer beschränkt geblieben ist.

Die antike Götterwelt im Überblick

In der antiken Mythologie begegnen uns Göttinnen und Götter aus verschiedenen Zeitschichten und Überlieferungstraditionen. Sie zu einer zusammenhängenden Erzählung zu verbinden ist nur möglich, wenn man Widersprüche und Inkonsequenzen in Kauf nimmt.

Manche alten Gottheiten werden von jüngeren sozusagen überblendet. Diese übernehmen ganz oder teilweise ihre Rollen und Eigenschaften. Das gilt z. B. für den Sonnengott Helios, der durch Apoll verdrängt wird, oder für die Mondgöttin Luna, an deren Stelle Artemis/Diana tritt. Die griechischen Götter, die bei der Übernahme durch die Römer oft mit einheimischen lateinischen Gottheiten verschmolzen und ihren Namen erhielten, haben dabei ihren Charakter oft erheblich verändert. Ein Beispiel dafür ist Kronos, der in der griechischen Überlieferung seine Kinder verschlingt, da er fürchtet, von ihnen entmachtet zu werden. In Rom wird er mit dem einheimischen, wohltätigen Erntegott Saturn identifiziert.

Zur ältesten Schicht gehören die Mythen, die die Entstehung der Welt und der Götter selbst zum Gegenstand haben. Am Anfang war Chaos und Finsternis. Daraus entstanden Tag und Nacht, Erde und Meer. Die Erde gebar den Himmel, Uranos, das männliche Prinzip. Aus der Vermählung von Himmel und Erde wuchs ein Geschlecht von Riesen, Zyklopen und Titanen empor. Zu ihnen gehören Oceanus, Rhea, die als Göttin der Erde und als Mutter von Zeus/

Jupiter verehrt wurde, Thetis, die Mutter des Helden Achill und Kronos/Saturn. Sie erhoben sich gegen ihren Vater Uranos. Saturn entmannte ihn mit einer Sichel und wurde selbst Herrscher. Aus den Blutstropfen, die auf die Erde fielen, entstanden die rachsüchtigen Furien und das Geschlecht der Giganten, die eines Tages die Götter bedrohten. Uranos' Samen fiel ins Meer und befruchtete es; aus dem daraus entstehenden Schaum entstieg Aphrodite/Venus, die Göttin der Schönheit und der Liebe. Ihr ständiger Begleiter Eros/Amor gehört auch zu den ältesten Göttern. Er ist in der ältesten Überlieferung sogar vor Venus da, seine Rolle als Verkörperung des Prinzips der Liebe wird aber von Venus übernommen, während er, in verniedlichter Form, in der Regel als ihr Kind dargestellt wird.

Die Titanen pflanzten sich fort. Zu ihrem Geschlecht gehören Latona, die spätere Mutter von Apoll und Diana, Aurora, Helios, der Lenker des Sonnenwagens, und Luna, der Mond. Auch Atlas und Prometheus gehören dazu. Prometheus war der Schöpfer des Menschen; sein Konflikt mit Jupiter ist ein oft dargestelltes Thema.

Aus der Ehe Saturns mit seiner Schwester Rhea gingen Jupiter, Hestia/Vesta, Demeter/Ceres, Hera/Juno, Poseidon/Neptun und Hades/Pluto hervor. Obwohl Saturn seine Kinder, aus Angst, dass sie ihn eines Tages entmachten würden, gleich nach ihrer Geburt verschlang, überlebten diese und erhoben sich gegen den Vater. Jupiter und seine Geschwister gründeten ein neues Göttergeschlecht, das die alten Götter, nach einem gewaltigen Kampf gegen Saturn und die ihm beistehenden Titanen, verdrängten.

Jupiter, Neptun und Pluto teilten die Herrschaft unter sich auf: Neptun erhielt die Ozeane, Pluto die Unterwelt und Jupiter die Erde. Sein Sitz wurde der Olymp, auf dem sich die Götter, wie eine streitlustige Großfamilie, unter seiner Führung versammelten, wenn sie sich nicht gerade in die Geschicke der Menschen einmischten.

Jupiter war mit seiner Schwester Juno vermählt. Sie wurde als Beschützerin des Ehestandes gesehen. Mit ihr zeugte Jupiter Hebe, die Göttin der ewigen Jugend, und den Kriegsgott Ares/Mars. Ohne mütterlichen Beistand entsprang Pallas Athena/Minerva dem Kopf Jupiters; Juno machte es ihrem Gatten nach und gebar Hephaistos/Vulkan ohne männliche Hilfe. Jupiter warf zornig das Kind vom Himmel. Beim Sturz verletzte es das Bein und musste fortan hinken.

Weit zahlreicher als sein Nachwuchs mit Juno waren Jupiters Kinder mit anderen Göttinnen und Frauen. Fast alle olympischen Götter, die nicht zu seinen Geschwistern zählten, waren seine Kinder. Zu ihnen gehören Apoll und Diana, Dionysos/Bacchus, Herakles/Herkules, Hermes/Merkur und die Musen. Auch die schöne Helena und Helden, wie Perseus, Castor und Pollux, waren seine Nachkommen.

Weil die Römer bei ihrer Aneignung der griechischen Kultur auch die griechischen Götter mit ihrer eigenen Mythologie assimilierten und ihnen römische Namen gaben, begegnen uns heute in der Literatur häufig sowohl griechische als auch lateinische Namen für eine und dieselbe Gestalt, wie z.B. Aphrodite und Venus, Ares und Mars oder Zeus und Jupiter.

Bis um 1800 – und vielfach auch danach – schöpfte man in der Regel seine Kenntnis der antiken Mythologie aus lateinischen Quellen. Daher wurden lange häufig die römischen Namen verwendet. Erst im Laufe des 19. Jahrhunderts setzte sich allmählich der Gebrauch der griechischen Namen durch. Auf die Gefahr hin, gelegentlich inkonsequent zu sein, richtet sich in diesem Buch die Benennung der Götter nach der Praxis, die zur Zeit der Entstehung der einzelnen Kunstwerke herrschte.

Zum Schluss noch ein Hinweis: Im Interesse der besseren Lesbarkeit wird, wenn von der antiken Götterschar im Allgemeinen die Rede ist, oft nur das Wort »Götter« gebraucht – die Göttinnen sind dabei selbstverständlich mit gemeint.

Bis ins 19. Jahrhundert war die Kenntnis der antiken Mythologie und Geschichte weit verbreitet, und die griechischen und römischen Götter, Göttinnen und Helden beschäftigten die Gedanken der Menschen und bewegten ihre Phantasie. Grund dafür war die Bedeutung der alten Sprachen, vor allem des Lateinischen, in der höheren Bildung und die damit zusammenhängende zentrale Stellung der antiken Dichtung im kulturellen Kanon. Neben der Bibel und den Heiligenlegenden prägte sie die Kultur der Frühen Neuzeit, und noch im 19. Jahrhundert behauptete sie ihren Platz in der Vorstellungswelt der Gebildeten, trotz allen kulturellen und gesellschaftlichen Umwälzungen in Folge der industriellen Revolution. Das beweisen nicht zuletzt die häufigen Satiren, die jetzt gegen die Gestalten der Mythen als Vertreter vermeintlich verstaubter Bildungsideale gerichtet wurden.

Es versteht sich von selbst, dass ein so komplexer Stoff, wie die antike Mythologie in der langen Zeitspanne vom Mittelalter bis heute sehr unterschiedlich aufgefasst und für sehr verschiedene Zwecke in Anspruch genommen worden ist. Nachdem das Christentum im römischen Reich Staatsreligion geworden war, folgte eine Zeit der Bekämpfung des heidnischen Glaubens und der heidnischen Gebräuche, die bis ins frühe Mittelalter dauerte. In starkem Kontrast dazu steht die begeisterte Idealisierung der antiken Götterwelt in der Renaissance. Damals stellten die heidnischen Götter natürlich längst keine Gefahr mehr für den christlichen Glauben dar. Aus dem sicheren historischen Abstand sah man die Götter und Heroen in einer poetischen Welt leben, die, als neue Entdeckung, den Sehnsüchten und Phantasien der Gegenwart verlockende Anregungen bot. Für die Kunst der Renaissance und des Barock stellte sie eine unerschöpfliche Quelle der Inspiration dar.

Die intensive wissenschaftliche Beschäftigung mit der

Antike, die vor allem seit dem 18. Jahrhundert durch die Altertumswissenschaft und die Archäologie begann, hat seitdem unsere Kenntnis der antiken Kultur wesentlich erweitert und damit auch den Blick auf die alten Mythen verändert. Damals bekamen die griechischen und römischen Götter und Helden allerdings auch Konkurrenz durch die neu entdeckten germanischen und keltischen Mythen und Sagen. Das konnte nicht ohne Folgen für die Auseinandersetzung mit der klassischen Mythologie bleiben, die in den Jahrzehnten um 1800 zwar eine Blütezeit erlebte, gleichzeitig aber in ihrer Bedeutung relativiert wurde. Danach ebbte das Interesse für die alten Sagen und Mythen eine Zeitlang spürbar ab.

Gegen Ende des 19. Jahrhunderts gewann das Thema aber wieder an Aktualität. Das hing mit einem neuen Verständnis der antiken Kultur, aber auch mit geistesgeschichtlichen Entwicklungen der eigenen Zeit zusammen. Die vielen Entdeckungen der archäologischen Grabungen hatten seit Mitte des Jahrhunderts eine faszinierende »neue Antike«, die archaische und vorarchaische griechische Kultur, ans Licht gebracht. In ihrer Neuartigkeit und Frische ließen die neuen Funde die bislang bewunderten Kunstwerke verstaubt und langweilig erscheinen. Die neuen Entdeckungen beeinflussten die bildende Kunst und belebten auch die Erforschung der Mythen. Hier sind Namen wie Martin Persson Nilsson (1874–1966) und Karl Kerényi (1897–1973) zu nennen. Sehr fruchtbar waren dabei die Impulse, die von der Tiefenpsychologie und vor allem von den Schriften C. G. Jungs (1875–1961) ausgingen. Davon profitierten auch die Künstler des Surrealismus.

Mit den hier genannten Gelehrten erweiterte und vertiefte sich die Sicht auf die antiken Mythen, sie wurden zunehmend als regionale Varianten eines weltweiten anthropologischen Phänomens verstanden und verloren damit die Exklusivität, die ihnen die humanistische Bildungstradition gegeben hatte.

Die antike Mythologie im Mittelalter

Es ist eine verbreitete Vorstellung, dass die antike Mythologie als Teil der antiken Kultur und Kunst im Mittelalter in Vergessenheit geraten war und von den Künstlern und Gelehrten der Renaissance wieder »entdeckt« werden musste. Es trifft zwar zu, dass die Mythologie, wie auch die antike Geschichte, in der Renaissance eine Bedeutung für die bildende Kunst und die Literatur gewann, wie sie es seit den vorchristlichen Jahrhunderten nicht mehr gehabt hatte. Dennoch sollte nicht übersehen werden, dass die antiken Götter und Göttinnen aus dem kulturellen Bewusstsein nie ganz verschwunden waren.

Mit dem Sieg des Christentums wurde der Kult der heidnischen Götter zwar unterbunden und bekämpft und die antiken Statuen wurden zerstört oder vergraben, um keinen unheilvollen Einfluss mehr ausüben zu können. Die Götter und Helden lebten aber, vor solchen Angriffen gefeit, damals schon längst in der griechischen und lateinischen Dichtung fort. Aus den Werken Homers, Vergils, Ovids und anderer, heute weniger bekannter Dichter und Autoren haben nachfolgende Jahrhunderte ihre Kenntnis der antiken Götterwelt geschöpft, und da die antike Literatur durch das ganze Mittelalter hindurch in den Schulen gelesen wurde und zum Bildungskanon gehörte, gerieten die Götter und Helden nie ganz in Vergessenheit. Als literarische Figuren haben sie sich aber in der Vorstellung der Leser verselbständigt und ihre Herkunft vergessen lassen. Das Bewusstsein dafür, dass sie eigentlich der überwundenen heidnischen, griechischen und römischen Götterwelt angehörten, verblasste, sie wurden, sozusagen a-historisch, losgelöst von Zeit und Ort, als Märchengestalten gesehen. Das beweist auch die Art, wie sie von den Künstlern des Mittelalters dargestellt werden. Jupiter kann da als König, Mars als Ritter oder Minerva als modisch gekleidete Hofdame auftreten. Kein nicht eingeweihter Betrachter würde in solchen

Gestalten die Darstellung antiker Götter vermuten. Es war die Leistung der italienischen Renaissance, den Zusammenhang der Götter und Helden mit ihrem Ursprung in der antiken Welt wieder herzustellen und ihnen ihr antikes Aussehen wiederzugeben. Erst als Herkules seine breiten Schultern, seine Keule und sein Löwenfell wiedererlangt hat, ist von einer Renaissance zu sprechen, wie es Jean Seznec in einer grundlegenden Studie formuliert hat. In diesem Sinne ist es berechtigt, von einer »Wiederentdeckung« der antiken Mythologie in der Renaissance zu sprechen.

In der mittelalterlichen Überlieferung der heidnischen Götterwelt lassen sich verschiedene Traditionen und Interpretationsansätze erkennen, die ihre Wurzeln zum Teil schon in der Antike selbst haben und die noch in der Frühen Neuzeit und darüber hinaus weiterwirken.

Schon bei Cicero finden wir die Vorstellung, dass die olympischen Götter ursprünglich Sterbliche waren, die auf Grund ihrer besonderen Verdienste göttlichen Status bekommen haben. Nach dieser Sichtweise gingen viele grundlegende zivilisatorische Fertigkeiten auf die Götter zurück. Saturn hatte die Menschen den Ackerbau gelehrt, Minerva verdankten sie das Spinnen und Weben. Durch diese »historische« Interpretation wurden die Götter entdämonisiert und in religiösem Sinne unschädlich gemacht. Sie erlaubte es sogar den Gelehrten des Mittelalters, den antiken Göttern einen Platz neben den Gestalten des Alten Testaments in der Weltgeschichte zu geben. Noch 1493 werden die olympischen Götter in Hartmann Schedels Weltchronik in dieser Weise vorgestellt. Dort heißt es z. B. über Ceres, die Tochter Saturns, sie sei »von solcher Sinnreichigkeit, dass sie den Ackerbau erdacht«. Sie habe »die Ochsen gezähmet und dem Erdreich Furchen mit dem Pflug geschnitten und ... besamet. Danach das gewachsene Getreide ... mit Mühlsteinen zerrieben und Brot daraus zu machen gelehrt ...«.

Über Minerva wusste Schedel zu berichten, dass sie im 58. Lebensjahr des alttestamentlichen Isaac als erstgeborene Tochter Jupiters auf die Welt gekommen sei. Sie habe die Weberei erdacht und auch die Menschen den Gebrauch des Olivenöls gelehrt. Minerva wird auch, so schließt er mit einem Hinweis auf Cicero, »eine Göttin der Weisheit und eine Erfinderin der Kunst genannt«.

Einen anderen Ansatz vertraten schon die antiken Stoiker. Sie interpretierten die mythologischen Gestalten und Episoden im Sinne von Allegorien. Da die oft unmoralischen und unwürdigen Taten der Götter mit ihrer olympischen Würde schwer in Einklang zu bringen waren, mussten sie einen verborgenen, höheren Sinn haben. Diese Sichtweise machte es den christlichen Interpreten später leicht, in jeder noch so fragwürdigen Erzählung einen moralisierenden Sinn zu entdecken. »Tout est pour nostre enseignement« (Alles dient unserer Belehrung) heißt es dazu im *Ovide moralisé*, einer im frühen 14. Jahrhundert verfassten und sehr verbreiteten Bearbeitung der Metamorphosen. Dort wird Ceres, die ihre entführte Tochter Proserpina sucht, als Sinnbild der Kirche gedeutet, die nach abhanden gekommenen Seelen sucht. Die beiden Fackeln, mit denen sie sich leuchtet, sind das Alte und das Neue Testament, das Kind, das sie ärgert und das sie in eine Eidechse verwandelt, ist die Synagoge. Die allegorische Auslegung der *Metamorphosen* endete nicht mit dem Mittelalter. Unter dem Einfluss der Gegenreformation blühte sie noch im 16. Jahrhundert. Ein wichtiges Beispiel dafür ist Lodovico Dolces Ovid-Übersetzung von 1553. Dolce nahm eine zentrale Stellung im intellektuellen Leben Venedigs ein und stand Künstlern wie Tizian nahe.

Beide Sichtweisen ebneten den Weg für eine Inanspruchnahme der Mythologie für Zwecke der Gegenwart. Persönlichkeiten der eigenen Zeit konnten mit antiken Göttern und Helden verglichen und gleichgesetzt, Ereignisse der Zeitgeschichte durch den Vergleich mit Episoden aus der Mythologie oder Heldendichtung glorifiziert werden. Von dieser Möglichkeit wurde, wie wir sehen werden, vor allem in der Renaissance und im Barock fleißig Gebrauch gemacht.

Ein anderer Weg der Rezeption, der von den beiden bereits genannten unabhängig verlief, war die Astronomie bzw. Astrologie. Schon im antiken Griechenland wurden die Planeten nach olympischen Göttern benannt, und als Namen von Planeten und Sternbildern leben sie bis heute fort. Durch den Glauben an die Macht der Planeten über Charakter und Schicksal des Menschen wurden den antiken Göttern in ihrer Eigenschaft als Planetengötter im Mittelalter wie in der Renaissance magische Kräfte zugeschrieben. Waren sie sonst als im Grunde »historische« Persönlichkeiten oder als Figuren der Allegorie entdämonisiert worden, behielten sie hier etwas von ihrer ursprünglichen göttlichen Macht. Ihren Höhepunkt erreichten die astrologische Interpretation und das Motiv der »Planetenkinder« erst in der Renaissance, also zur gleichen Zeit, als die Welt der Mythen von den Künstlern »reantikisiert« wurde und die Götter ihr von der antiken Kunst bekanntes Aussehen wiederfanden.

Der Weg zu der leicht zugänglichen, harmonisierten Darstellung der antiken Mythologie, die uns heute durch Lexika und Nacherzählungen zu Gebote stehen, war in Wirklichkeit lang und mühsam. Die antike Überlieferung ist reich an Widersprüchen und Varianten und daher nur schwer zu einer zusammenhängenden Erzählung zu verknüpfen. Als hilfreich erwiesen sich dabei antike Kompendien, wie Hyginus' *Fabulae* und Apollodorus' *Bibliotheca*, die auch im Mittelalter bekannt waren.

Um dem Leser die Geschichten, die Ovid in den Metamorphosen erzählt, verständlich zu machen, ergänzte Pierre Bersuire den Prolog seines *Ovidius moralizatus* mit einer Beschreibung der Götter. Er stütze sich dabei u. a. auf Petrarca (1304–1374), der im dritten Canto seines Epos *Africa* ebenfalls die Götter beschrieben hatte. Einen wichtigen Schritt auf dem Weg zu dem heutigen Bild von der antiken Mythologie, bedeutete auch Boccaccios (1313–1375) *Genealogia deorum*, die lange die wichtigste zusammenhängende Darstellung der antiken Mythologie bleiben sollte.

Die künstlerische Auseinandersetzung mit der Mythologie in der Renaissance und im Barock

Eine erste Blütezeit erlebte die Beschäftigung mit der antiken Mythologie an den norditalienischen Höfen und in Florenz in der zweiten Hälfte des 15. Jahrhunderts. In der zweiten Hälfte des 15. Jahrhunderts begann auch, als ein besonderes Merkmal der Renaissance, das intensive Sammeln und Studium der antiken Kunst. Das konnte nicht ohne Einfluss auf Themenwahl, Ikonographie und formale Gestaltung in der bildenden Kunst bleiben.

Vor diesem Hintergrund ist es bemerkenswert, wie lange die mittelalterlichen ikonographischen Traditionen, parallel zu den neuen Tendenzen, in der bildenden Kunst weiterlebten, und wie relativ begrenzt und konstant die Auswahl der bevorzugten Themen durch die ganze Frühe Neuzeit hindurch blieb. Die lassen sich zwar auf eine Vielzahl antiker literarischer Texte zurückführen, in der Praxis dürften aber Ovids *Metamorphosen* die mit Abstand wichtigste Quelle gewesen sein. Aber auch literarisch bescheidenere Texte, wie Apollodorus' *Bibliotheca* und Hyginus' *Fabulae* behielten nach wie vor ihre Bedeutung. Es sollte allerdings auch nicht vorausgesetzt werden, dass die Künstler immer literarische Texte zu Rate zogen, wenn sie mythologische Themen zu gestalten hatten. Die wichtigsten Historien und Episoden dürften ihnen in der Regel, auch ohne literarische Hilfe, geläufig gewesen sein. Für sie hatten sich längst ikonographische Konventionen herausgebildet, die in der Praxis der Künstlerwerkstätte sozusagen ein Eigenleben führten und entsprechend auch, unabhängig von Texten, variiert werden konnten. In manchen Fällen standen aber oft auch gelehrte Ratgeber den Künstlern zur Seite.

Stilistisch unberührt von der antiken Kunst erweisen sich besonders lange die Darstellungen der Planetengötter. Die Fresken in Palazzo Schifanoia in Ferrara sind ein gutes Beispiel dafür. Mantegnas Gemälde für das Studiolo Isabella d'Estes in Mantua sind dagegen Beispiele der allegorischen Interpretation der Mythen. Sie sind in stilistischer Hinsicht vom Antikenstudium des Künstlers geprägt. Gleichzeitig zeigen Botticellis Venus oder Anticos Apoll, wie die Darstellung der antiken Götter sich an bestimmte bereits berühmte antike Werke anlehnte und wie der antike Formcharakter selbst einen Darstellungswert bekam.

Ihren Höhepunkt erreichte diese Entwicklung in der Kunst der Hochrenaissance, die im Kreis um Raffael in Rom in den ersten Jahrzehnten des 16. Jahrhunderts ihre höchste Blüte erlebte. In der Ausschmückung der am Tiber gelegenen Villa des reichen Bankiers Agostino Chigi (Heute Villa Farnesina) scheinen die antiken Götter und Göttinnen zu neuem Leben erwacht zu sein. Nirgendwo sonst ist der Mythos des »neuen Rom« so greifbar wie hier.

Als Folge der Plünderung Roms durch die kaiserliche Soldateska 1527, des *Sacco di Roma*, verließen viele Künstler die Stadt, um neue Arbeitsfelder zu suchen. In Mantua fanden unter der Leitung von Raffaels bedeutendstem Mitarbeiter Giulio Romano die römischen Ideale eine neue Heimstätte, und am Hofe Franz' I. in Fontainebleau versammelte der aus Rom geflüchtete Rosso Fiorentino eine italienische Künstlerkolonie um sich, deren Ausstrahlung weit über Frankreich hinaus reichte. An diesen beiden Höfen wurde die Verwendbarkeit der antiken Mythologie für die Zwecke der höfischen und politischen Repräsentation systematisch ausgelotet. Das gilt auch für den neu etablierten Hof der Medici in Florenz, wo zum ersten Mal seit der Antike monumentale Statuen antiker Götter und Helden im Dienste der fürstlichen Propaganda öffentlich aufgestellt wurden. Dem Beispiel der genannten Höfe folgte um 1600 der Hof Kaiser Rudolfs II. in Prag. Auch hier standen die antike Mythologie und ihre Verwendung in Allegorien hoch im Kurs. Durch Vermittlung der Druckgraphik war die Ausstrahlung der Prager Hofkunst beträchtlich.

Im 17. Jahrhundert entwickelte sich in Frankreich auf dieser Grundlage eine höfische Kunst zur Verherrlichung Ludwigs XIV., in der die antike Mythologie eine tragende Rolle spielte. Versailles war bis zum Ende des *ancien régime* das Leitbild für fast alle europäischen Höfe.

Für die Staats- und Empfangsräume der Paläste und reichen Bürgerhäuser, und natürlich auch für die öffentlichen Plätze der Städte, wurden Gestalten und Szenen bevorzugt, die sich eigneten, als *exempla* der Tugend verstanden zu werden, wie z. B. die Taten des Herkules. Die vor allem in der Tafelmalerei und der Kleinkunst beliebten erotischen Szenen gehörten dagegen der privaten Sphäre an.

In der Ausschmückung der Landschlösser, Villen und Gärten herrschten mythologische Themen vor, die sich auf den Wechsel der Jahreszeiten, auf Natur und Fruchtbarkeit beziehen lassen.

Eine besonders wichtige Rolle spielten Themen der antiken Mythologie in den großen Aufzügen, die anlässlich fürstlicher Hochzeiten, Thronbesteigungen und vergleichbarer Anlässe im 16. und 17. Jahrhundert veranstaltet wurden. In der Art moderner Karnevalzüge zogen auf kunstvoll gestalteten Wagen die Götter des Olymps mit ihrem Gefolge durch die mit Triumphbögen und anderen Architekturkulissen geschmückte Stadt. Diesen Aufzügen lag in der Regel ein gelehrtes allegorisches Programm zu Grunde, das, dem Anlass entsprechend, die verschiedenen Elemente zu einer Sinneinheit verknüpfte.

Wer sich über das Aussehen, die Attribute und Taten der antiken Götter und Göttinnen informieren wollte, war im 16. Jahrhundert nicht mehr auf Boccaccio oder andere spätmittelalterliche Quellen angewiesen. In Italien erreichte Vincenzo Cartari einen großen Leserkreis mit seinem Buch *Imagini delli dei de gl'antichi* von 1556, das im Gegensatz zu den meisten früheren Mythographien in der Volkssprache verfasst war. Auch die bereits genannten antiken Kompendien von Apollodorus (1555) und Hyginus (1535) erschienen jetzt im Druck. Cartari wandte sich nicht primär an einen gelehrten Leserkreis (dann hätte er sein Werk auf Latein verfasst), sondern ausdrücklich auch an die Künstler, die seiner Meinung nach ohne Kenntnis der antiken Mythologie nicht bestehen konnten. Eine Besonderheit seines Buches sind die zahlreichen Illustrationen, die in allen früheren Mythographien fehlen. Die vielen Auflagen, die Cartaris Werk erreichte, zeigen, dass der Bedarf für ein solches Werk offensichtlich vorhanden war. Deutschen Lesern stand schon ab 1554 mit Johann Herolds *Heydenweldt* ebenfalls ein, zwar bescheideneres aber auch illustriertes Handbuch der antiken Mythologie in der Volkssprache zur Verfügung.

Cartari informiert auch ausführlich über die symbolische Bedeutung der Götter und ihrer Attribute. Sein Buch war daher ein gutes Hilfsmittel beim Verfassen von allegorischen Programmen. Noch wichtiger dürfte aber Cesare Ripas *Icolonologia* von 1593 (viele spätere Ausgaben und Übersetzungen) in dieser Hinsicht gewesen sein.

Vincenzo Cartaris Einfluss auf die bildende Kunst ist schwer zu beurteilen. Er scheint vor allem auf den Bereich der Allegorie begrenzt gewesen zu sein. Was die Darstellung von mythologischen Szenen ganz allgemein betrifft, waren die zahlreichen illustrierten Ausgaben der Metamorphosen des Ovid auf jeden Fall einflussreicher. Ovids Werk blieb durch die ganze Frühe Neuzeit hindurch für die Künstler die wichtigste Quelle für mythologische Stoffe. Es ist bezeichnend, dass noch der niederländische Maler und Schriftsteller Karel van Mander seinem 1604 erschienen *Schilderboek* einen Kommentar zu den Metamorphosen, der »Malerbibel«, beigefügt hat.

Spätestens seit dem frühen 16. Jahrhundert wurden antike mythologische Themen um ihrer selbst willen dargestellt. Die häufige Benennung »poesie« für solche Werke lässt erkennen, dass sie jedenfalls nicht primär als Allegorien zu verstehen sind. Gerade in der Druckgraphik waren solche Themen sehr beliebt; es gab für sie also einen Markt außerhalb der traditionellen Auftraggeberkreise. Der Verzicht auf eine allegorische Interpretation bedeutet allerdings nicht, dass solche Darstellungen nur der bloßen Augenfreude dienten. Sie boten oft auch Stoff zum Nachdenken. In den Darstellungen der Götter und Helden mochte man Charaktere, Handlungen und Schicksale erkennen, die exemplarische Gültigkeit besaßen und daher für das eigene Leben belehrend oder gar richtungweisend sein konnten.

Annibale Caraccis Arbeiten in Palazzo Farnese in Rom lassen eine solche Absicht bei der Themenwahl erkennen, und auch Berninis große Marmorskulpturen für Kardinal Scipione Borghese mögen von manchen Betrachtern in diesem Sinne verstanden worden sein. Bei ihnen dürfte aber der künstlerische Wettstreit mit den Meisterwerken der antiken Kunst ein stärkerer Antrieb gewesen sein als die Absicht, moralische *exempla* darzustellen.

Sehr oft dienten die mythologischen Darstellungen aber natürlich auch weniger erbaulichen Zwecken. Die Vorliebe für Aktdarstellungen und für explizit erotische Themen, wie z.B. die Liebesabenteuer Jupiters, zeigen deutlich genug, dass die sinnlichen Genüsse immer zu den wesentlichen Reizen der Mythologie gehörten.

Die Idealisierung der antiken Göttergestalten und des antiken Schönheitsideals konnte nicht ohne Widerspruch bleiben. Schon aus der zweiten Hälfte des 16. Jahrhunderts sind aus Florenz Karikaturen der antiken Götter bekannt. Interessanter – und bedeutend schwerer zu interpretieren – ist aber der scheinbar respektlose Umgang mit den mythologischen Themen bei Caravaggio und seinen

Nachfolgern. Die Spitze richtet sich hier wohl weniger gegen die mythologischen Gestalten selbst, als gegen die vorherrschende idealisierte Darstellungsweise solcher Themen. Vor allem bei den holländischen Nachfolgern Caravaggios, zu denen in gewissem Sinne auch Rembrandt gehört, aber auch bei Velazquez, finden wir Darstellungen, die mit ihrem Realismus von der Ambition geleitet zu sein scheinen, der Nachwelt zu zeigen, »wie es eigentlich gewesen ist«.

Das schließt natürlich nicht eine despektierliche, humoristische Note aus, wie z. B. in Rembrandts Gemälde vom Raub des Ganymed, wo dieser nicht als schöner Knabe dargestellt ist, sondern als schreiendes Kleinkind, das vor Schreck sein Wasser lässt, wenn der Adler mit ihm fortfliegt.

Was die Holländer betrifft, kann man sich auch fragen, ob nicht die fehlende Idealisierung als Absicht verstanden werden kann, eine spezifisch holländische Ästhetik zu realisieren – etwa im Gegensatz zu den »welschen«, hier wohl vor allem flämischen Konventionen. Die in unserer Auswahl besprochenen Werke von Hendrik Goltzius und Jacob van Campen legen diese Vermutung nahe. Sie standen beide in engem Kontakt zu den führenden niederländischen Humanisten ihrer Zeit. Ihre Entscheidung für naturalistische oder nicht idealisierte Darstellungsmodi kann daher auf keinen Fall aus naiver Unwissenheit getroffen worden sein.

Wie bereits erwähnt, wurde im 16. Jahrhundert die Verwendbarkeit der Mythologie für die politische Repräsentation und Propaganda entdeckt. Dazu boten alle drei genannten Rezeptionstraditionen Ansätze. Die »historische« Tradition konnte Anhaltspunkte dafür bieten, die Herkunft einer Dynastie von einem der antiken Helden abzuleiten. Da z. B. Herkules bis zum Atlantik gelangt war und an Gibraltar die »Säulen des Herkules« errichtet hatte, als er das dreiköpfige Monster Geryon, den »spanischen Hirten« (Ovid), tötete und seine Rinder entführte, lag es für Kaiser Karl V., der ja gleichzeitig auch König von Spanien war, nahe, in Herkules einen ideellen Vorfahren zu sehen und sich mit seinen Attributen zu schmücken. Die »Säulen des Herkules« bereichern dementsprechend sein Wappen, ergänzt mit den Worten »Plus ultra«, um anzugeben, dass er durch die Eroberung des amerikanischen Kontinents noch weiter vorgedrungen war als Herkules.

In der französischen Propaganda spielte vor allem unter Heinrich IV. und Ludwig XIII. der »gallische Herkules« eine Rolle, denn der antike Held war natürlich auch durch Frankreich gezogen und hatte angeblich dort mit einem gallischen Mädchen eine Dynastie gegründet.

Die Berufung auf Herkules konnte aber auch anders begründet werden. Wie wir gesehen haben, wurden die Götter schon in der Antike als Personifikationen bestimmter Eigenschaften angesehen. Herkules galt seitdem (und das ganze Mittelalter hindurch) als Inbegriff der Stärke und Tugend, Eigenschaften also, die keinem Herrscher fehlen durften. Aus diesem Grunde haben viele Fürsten der Frühen Neuzeit sich mit seinen Attributen geschmückt.

Auch wenn Herkules weit häufiger als alle anderen antiken Helden und Götter zur Verherrlichung von Herrschern in Anspruch genommen worden ist, griff man aber natürlich auch auf andere Gestalten der antiken Mythologie zurück. Allgemein bekannt ist die Vorliebe Ludwigs XIV. von Frankreich für den Sonnengott Apoll. Als »Roi soleil« herrschte er über sein Reich wie die Sonne am Firmament; als ein neuer Apoll war er aber auch der besondere Beschützer der Künste.

Auch Fürstinnen standen mythologische Rollen zur Verfügung. Mit den Attributen Minervas erhoben sie den Anspruch, sowohl streitbar als auch klug zu sein, in der Rolle der Diana wurde ihre Keuschheit gerühmt. Bedeutend heikler war natürlich die Rolle der Venus, auch dafür gibt es aber gelegentlich Beispiele.

Wenn auf diese Weise eine Person sich mit den Attributen eines antiken Gottes bzw. Helden oder einer Göttin schmückt, ist dies im Sinne eines Vergleiches zu verstehen. Man will zeigen, dass diese Person die Eigenschaften jener Göttin oder jenes Gottes besitzt, dass sie *wie* diese ist. Es ist im Nachhinein natürlich schwer zu beurteilen, ob es sich dabei um Eigenlob, oder um eine Schmeichelei handelt. Für die Funktion der antiken Mythologie im Dienste der Verherrlichung einer historischen Person spielt diese Unterscheidung allerdings keine Rolle.

Rühmen (oder herabsetzen) durch Vergleich ist eine wohlbekannte rhetorische Technik. Da die klassische Rhetorik eine Schlüsselrolle in der Kultur der Frühen Neuzeit spielte, ist es nicht verwunderlich, wenn auch die Künstler sich mancher ihrer Methoden bedienten. Das wird besonders deutlich in den großen allegorischen Wand- und Deckenmalereien des 17. und 18. Jahrhunderts, in denen die antiken Götter und Göttinnen in gleicher Weise wie in der Lobrede oder in der panegyrischen Dichtung als Verkörperungen bestimmter Eigenschaften oder Begriffe, als *exempla*, auftreten.

Die Idee, komplexe historische Geschehen mit Hilfe von antiken Göttern und anderen allegorischen Gestalten, die mit porträtähnlichen historischen Personen zusammenwirken, im Bild darzustellen, wurde schon im 16. Jahrhundert in Italien entwickelt. Ihre virtuose Vervollkommnung fand sie in Peter Paul Rubens' Medici-Zyklus, in dem die Geschichte der französischen Königin Maria de' Medici dargestellt wird.

Eine neue Sicht auf die Mythologie um 1800

Es ist kaum zu übersehen, dass der fleißige Gebrauch der antiken Mythologie in der bildenden Kunst des Barocks allmählich dazu führte, dass die Götter und Göttinnen ihre Frische verloren. In der Kunst des späten 17. und 18. Jahrhunderts wirken sie oft blutleer und konventionell, ihr Tun belanglos und in leeren Gesten erstarrt. Um dem zu entkommen, wählten manche Künstler des Rokoko den Weg des Humors oder der parodistischen Zuspitzung, wofür in unserer Auswahl das Gemälde von Tiepolo ein gutes Beispiel ist. Andere, wie François Boucher, nutzten die mythologische Thematik als Vorwand für betont sinnliche, erotische Darstellungen, um auf diese Weise das Interesse des Publikums zu wecken.

Ein solcher Umgang mit der antiken Mythologie geriet gegen Ende des Jahrhunderts in Verruf. Von der Kunst wurde jetzt mehr Ernst verlangt, und Künstler wie Boucher, die mit ihren erotischen Sujets großen Erfolg gehabt hatten, wurden als »unmoralisch« abgestempelt. Es genügte nicht mehr, der Unterhaltung zu dienen, der Künstler und seine Kunst sollten dem Publikum Lehrmeister und Beispiel sein. Ein neuer Ernst und, wo es das Thema erlaubte, ein oft starkes Pathos prägten ab jetzt die Darstellungen antiker Themen.

Der Wunsch nach Erneuerung fand sowohl in der Wahl neuer, »unverbrauchter« und exemplarischer Themen und Motive als auch in einer neuen Interpretation der herkömmlichen Stoffe seinen Ausdruck. Charakteristisch ist die Hinwendung zu Homer und zu den griechischen Dramen, die jetzt Ovid und Vergil als bevorzugte Quellen ablösten. Gleichzeitig gewann unter dem Einfluss Winckelmanns die Überzeugung von der Überlegenheit der griechischen über die römische Kunst an Boden. In der Blüte der griechischen Kunst sahen Kunstliebhaber und Künstler die Schönheit in ihrer Vollendung verkörpert.

Das verlangte auch nach neuen literarischen Darstellungen und einer neuen Interpretation der Sagen und Mythen. Für den deutschsprachigen Raum hat dies Karl Philipp Moritz mit seiner *Götterlehre* von 1791 geleistet. Moritz lehnt die seit dem Mittelalter üblichen allegorischen

Lesarten der Mythen ab und blickt mit unvoreingenommenen Augen erneut auf die Quellentexte, die er mit den antiken Bilddarstellungen systematisch in Verbindung bringt. Er spricht den Mythen eine ihnen eigene dichterische Realität zu und bezeichnet sie als eine »Sprache der Phantasie«. Ihr Wesen sei es, »zu formen und zu bilden«, wobei sie »alle abstrakten und metaphysischen Begriffe meidet, welche ihre Bildung stören könnten«. Die Mythen sind dabei keine leeren Traumbilder oder »bloßes Spiel des Witzes«, in ihnen erkennt er vielmehr eine geheime Spur zu der ältesten, verlorengegangenen Geschichte der Menschheit. Moritz, der Goethe nahe stand, kann als Sprachrohr der Weimarer Klassik gesehen werden. Seine *Götterlehre* erlebte zahlreiche Auflagen und hat das Verständnis der antiken Mythologie in Deutschland lange geprägt. Ihre schönste Umsetzung in der bildenden Kunst fand sie in den Werken Bertel Thorvaldsens.

Die Idealisierung der Antike im Allgemeinen und die Bewunderung für die antiken Meisterwerke der Kunst schlossen keineswegs aus, dass Künstler den Wettstreit suchten und sich durchaus zutrauten, selbst Ebenbürtiges oder Besseres zu schaffen. Als Antonio Canova seinen Perseus, der den von Napoleon entführten Apollo di Belvedere im Vatikan ersetzen sollte, zum ersten Mal der Öffentlichkeit zeigte, stellte er ihm eine verkleinerte Kopie des berühmten Apoll zu Seite, um die Besucher zum Vergleich zu provozieren.

Hier wird es deutlich, dass die mythologischen Themen zu einem gewissen Grade austauschbar geworden sind. Es geht Künstlern wie Kunstliebhabern vor allem um die Kunst – um die Form – und nicht so sehr um die Interpretation und Bedeutung der einzelnen Götter und Helden.

Dass die Idealisierung der antiken Götterwelt und der Kult des antiken Schönheitskanons aber nicht überall die Kunst und das Geistesleben beherrschten, beweist in eindrucksvoller Weise Goyas urtümlicher Saturn, der in seiner Brutalität jenseits aller Bildtraditionen steht. An seinem Platz in einem privaten Haus im fernen Madrid blieb er der Kunstwelt lange unbekannt und konnte schon deshalb keinen Einfluss ausüben. Es ist aber auch fraglich, ob diese Darstellung, die von den vorherrschenden Tendenzen der Zeit so weit abseits steht, unter anderen Bedingungen mehr Beachtung gefunden hätte.

Antike Mythologie in der Kunst des 19. und 20. Jahrhunderts

Nach Jahrzehnten akademischer Erstarrung fanden einzelne Künstler um die Mitte des 19. Jahrhunderts neue Wege, für die Themen der antiken Mythologie zeitgemäße Darstellungsformen zu entwickeln.

Arnold Böcklin integrierte die mythologischen Gestalten in seine Landschaftsdarstellungen. Sie verkörpern die Stimmungen und Kräfte der Natur, geben diesen sozusagen ein Gesicht und sind eins mit ihr. Neben Pan sind es vor allem Tritone, Nereiden, Nymphen und Satyre, die seine Bilder bevölkern. Für die erhabenen olympischen Götter und Göttinnen gab es in seiner Kunst keinen Platz.

Die englischen Präraphaeliten gingen einen anderen Weg. Ihr Zugang war ein psychologischer, sie betrachteten die Mythen aus der Perspektive eines modernen Verständnisses der menschlichen Psyche heraus und benutzten sie, um subjektiv empfundene Gefühlslagen und Konflikte sichtbar zu machen.

In den verschiedenen Strömungen des Symbolismus um 1900 spielen die Themen der antiken Mythologie eine wichtige Rolle. Oft werden sie sehr persönlich interpretiert, etwa um das Mysterium der künstlerischen Inspiration, oder, allgemeiner, um das Lebensgefühl des Künstlers darzustellen. In vielen Werken kann man dabei den Einfluss der neu entdeckten archaischen und vorarchaischen griechischen Kunst auf die formale Gestaltung beobachten. Das gilt auch für manche späteren Werke des 20. Jahrhunderts, sei es, dass die archaischen Vorbilder in vitalistischer Weise »modernisiert« worden sind, wie bei Bourdelle oder Milles, sei es, dass der Künstler eher eine statische und affektfreie Darstellungsweise gewählt hat.

Die modernistischen Strömungen, die seit etwa 1910 die europäische Kunstentwicklung prägten, hatten mit ihrer Abwertung des Sujets, bzw. mit ihrer Hinwendung zu explizit zeitgenössischen Themen, wenig Raum für die antike Mythologie. Dennoch wurde durch die zwanziger und dreißiger Jahre hindurch neben den verschiedenen Modernismen auch eine klassizistisch geprägte Kunst geschaffen, der die mythologischen Themen natürlich nicht fremd waren. Allerdings ist nicht zu übersehen, dass die Thematik oft recht willkürlich gewählt zu sein scheint; Wenn eine nackte Frauenfigur »Venus« oder »Pomona« genannt wird, ist das meist nicht mehr als eine Typenbezeichnung.

Dass vor allem Bildhauer sich der klassizistischen bzw. antiken Tradition verpflichtet fühlten, ist leicht nachzuvollziehen. Auch Picasso hat aber in dieser Tradition ein bedeutendes Œuvre geschaffen. In seiner Kunst spielen Faune und Nymphen als Personifikationen der vitalen Kräfte der Natur eine zentrale Rolle, und um die Gestalt des Minotauros hat er eine vieldeutige, sehr persönliche Ikonographie geschaffen. In diesen Werken steht Picasso den Surrealisten nahe. Diese haben durch die Psychoanalyse einen fruchtbaren Zugang zur Welt der Mythen gefunden, die jetzt als Metaphern psychischer Kräfte und Vorgänge verstanden werden. Wenn die Künstler dabei vor allem auf die griechischen und römischen Mythen zurückgreifen, ist es ein Beweis dafür, wie lebendig diese noch vor dem Zweiten Weltkrieg waren. In der surrealistisch inspirierten Kunst der Nachkriegszeit ist das anders. Hier kann man von einer zunehmenden Globalisierung in der Auswahl mythologischer Themen sprechen. Die Motive können aus den verschiedensten Kulturkreisen gewählt und frei kombiniert werden. Verbindend wirkt die Überzeugung, dass in den Mythen der ganzen Welt allgemeingültige, archetypische Vorstellungen und Erfahrungen ihren Ausdruck gefunden haben. Der Künstler verlässt sich auf das intuitive Verständnis des Betrachters. Eine genaue Kenntnis der dargestellten Gestalten und Motive wird bei ihm gar nicht vorausgesetzt. Vor diesem Hintergrund ist es zu verstehen, wenn der COBRA-Künstler Asger Jorn seine Bilder »Stumme Mythen« nannte.

In der zentral gesteuerten Kunst der totalitären Regime der zwanziger und dreißiger Jahre spielten Themen der antiken Mythologie, trotz der Vorliebe für eine klassizistische Formensprache, eine relativ geringe Rolle. In Mussolinis Italien war es die römische Geschichte, nicht die Mythologie, auf die man zurückgriff, um den politischen und kulturellen Anspruch des faschistischen Regimes zu demonstrieren, und in der Kunst und Propaganda der Sowjetunion spielten weder Themen der Mythologie noch der antiken Geschichte eine Rolle. Für beide Regime war die Demonstration ihrer Fortschrittlichkeit und Modernität letztendlich wichtiger als die Berufung auf Traditionen. Das gilt im Prinzip auch für das nationalsozialistische Deutschland, obwohl hier die Empfänglichkeit für mythologische Symbolik größer war. Hier waren es aber seltener die antiken, griechisch-römischen, als die germanischen Mythen, denen die Motive entnommen wurden. Wenn in der nationalsozialistischen Kunst Gemälde oder Skulpturen nach antiken Themen benannt werden, geschieht es meist, um den »zeitlosen« Kunstanspruch der Werke zu betonen. In einzelnen Fällen, wie in Brekers Prometheus, ist die Wahl des Themas allerdings eindeutig programmatisch zu verstehen.

Fragt man, welche mythologischen Gestalten in der Kunst des 20. Jahrhunderts vor allem dargestellt worden sind, fällt auf, wie selten die olympischen Götter, aber auch der in früheren Jahrhunderten so beliebte Herkules, darunter sind. Als Verkörperung des Künstlertums wird zwar Apoll recht oft dargestellt, noch häufiger finden wir in dieser Rolle aber den unglücklichen Orpheus. Ein charakteristisches Beispiel dafür, dass das Interesse der Künstler jetzt mehr den Opfern göttlicher Gewalt oder Willkür und den Gescheiterten, als den Göttern selbst gilt, ist die Daphnestatuette Renée Sintenis'. Dazu passt auch die Häufung von Darstellungen des Ikarosmotivs, das, trotz seiner pessimistischen Symbolik, sogar einen Platz in der öffentlichen Kunst der DDR fand. In allen diesen Fällen handelt es sich darum, die individuelle Erfahrung mit einer archetypischen Menschheitserfahrung zu messen. Die Schriftstellerin Christa Wolf, die mit ihren Romanen Kassandra und Medea zwei Frauengestalten der griechischen Mythologie in den Mittelpunkt der Auseinandersetzung gestellt hat, bestätigt den exemplarischen Wert der Mythen (Die Zeit, 25. Oktober 2007). Sie sieht im Mythos, der »unsere Grundwidersprüche und Konflikte, Leidenschaften und Verfehlungen aufzeichnet«, unübertroffene Modelle der künstlerischen Gestaltung.

Quellentexte

Sofern es konkrete Bezugsquellen gibt, sind sie unter den Bildlegenden angefügt (Q). Die Autoren sind im Einzelnen:

Apollodorus
Bibliotheke / Götter- und Heldensagen (griech./dt.), übers. von P. Dräger, Düsseldorf/Zürich 2005.

Apuleius, Metamorphoses
Metamorphosen (lat./dt.), übers. von R. Helm, Berlin 1956.
Das Märchen von Amor und Psyche (lat./dt.), übers. von K. Steinmann, Stuttgart 1978.

Catull, Carmina
Sämtliche Gedichte (lat./dt.), übers. von M. v. Albrecht, Stuttgart 1995.

Cicero, Gespräche in Tusculum
Gespräche in Tusculum (lat./dt.), übers. von E. A. Kirfel, Stuttgart 1997.

Hesiod, Theogonie
Theogonie (lat./dt.), übers. von O. Schönberger, Stuttgart 1999.

Hesiod, Werke und Tage
Werke und Tage (lat./dt.), übers. von O. Schönberger, Stuttgart 1996.

Homer, Ilias
Ilias, übers. von R. Hampe, Stuttgart 1979.

Homer, Odyssee
Odyssee, übers. von R. Hampe, Stuttgart 1979.

Horaz, Oden
Sämtliche Werke (lat./dt.), übers. von B. Kytzler [u. a.], Stuttgart 2006.

Hyginus, Fab.
Fabulae / Sagen der Antike (lat./dt.), übers von F. P. Waiblinger, München 1996.

Lukian, Dialoge der Götter
Gespräche der Götter und Meergötter, der Toten und der Hetären (dt.), übers von Ch. M. Wieland / O. Seel, Stuttgart 1967.

Ovid, Heroiden
Heroides / Briefe der Heroinen (lat./dt.), übers. von D. Hoffmann [u. a.], Stuttgart 2000.

Ovid, Met.
Metamorphosen (lat./dt.), übers. von M. v. Albrecht, Stuttgart 1994.

Philistratus, Imagines
Imagines (griech./engl.), Cambridge (Mass.), 1931.

Plinius, Nat. Hist.
Naturalis historiae, Leipzig 1892–1909
Naturkunde (lat./dt.), übers. von R. König, Darmstadt 1973–2004.

Vergil, Aeneis
Aeneis (lat./dt.), übers. von E. und G. Binder, Stuttgart 1994 ff.

Xenophon, Memorabilien
Memorabilien, übers. von G. Jaerisch, Zürich ^{3}1980.

Antike Mythen in Einzelbeispielen

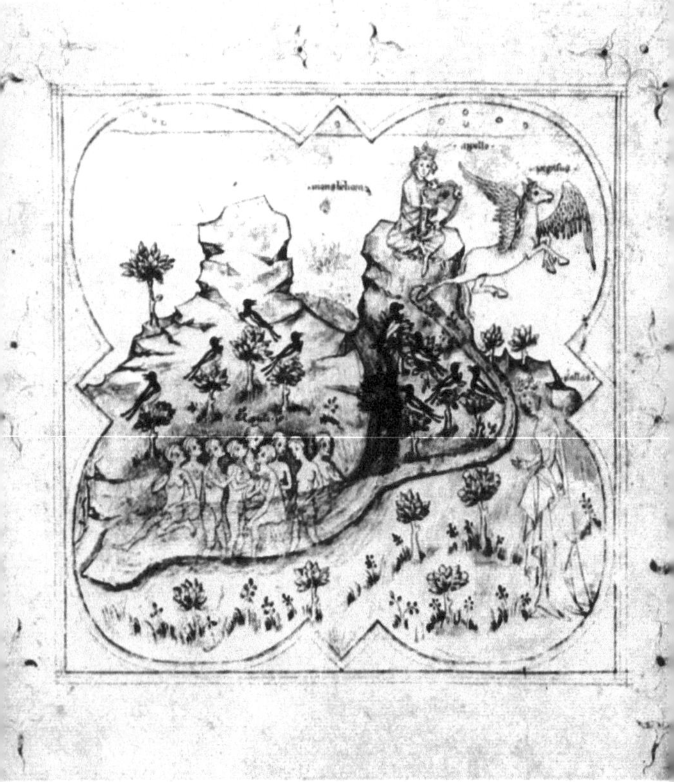

UNBEKANNTER MEISTER: Apoll, Minerva und die Musen
aus: Ovide moralisé, um 1400
(Paris, Bibliothèque nationale)

Q: Ovid, Met. V,295–314, 662–678

Unbekannter Meister: Apoll, Minerva und die Musen

Seit dem 12. Jh. waren die Schriften Ovids die wichtigste Quelle für die Kenntnis der antiken Mythologie. Die *Metamorphosen* lagen bereits im 14. Jh. in französischer Übersetzung, der *Ovide moralisé*, vor, allerdings ergänzt durch Interpretationen ihrer vermeintlich allegorischen, auf das Christentum hinweisenden Botschaften. Noch im 15. Jh. wurden zahlreiche illustrierte Abschriften davon hergestellt.

Die Zeichnung bezieht sich auf die Erzählung von den Töchtern des Pierides, die in Elstern verwandelt wurden. Sie gehört zu den häufig illustrierten Episoden der *Metamorphosen*, wird aber in anderen Medien kaum je dargestellt.

Die Beschriftung klärt über die Identität der Gestalten auf. Wir sehen den aus zwei Felsen bestehenden Parnass. Auf dem rechten, dem Mons Helicon, sitzt Apoll, dem dieser Berg geweiht war. Er spielt die Leier. Der geflügelte Pegasus will gerade fortfliegen und stößt dabei mit seinem rechten Huf so kräftig auf den Felsen, dass eine Quelle daraus entspringt. In ihr baden neun nackte junge Frauen: die Musen, die im Mittelalter meist in dieser Weise, später aber immer bekleidet dargestellt werden. Eine Muse wendet sich im Gespräch der Frau am Ufer, Pallas Athena, zu. Die Töchter des Pierides hatten die Musen zum Gesangwettstreit herausgefordert. Sie unterlagen und wurden zur Strafe für ihre Vermessenheit in Elstern verwandelt. Im *Ovide moralisé* stehen die Musen für die Philosophie und die Pieriden für die weltliche Dichtung.

Ohne die Bezeichnung innerhalb des Bildes würde man Apoll und Pallas wohl nicht als antike Gottheiten erkennen. Apoll lässt am ehesten an einen Minnesänger denken, Minerva an eine modisch gekleidete Prinzessin. Solche Adaptionen sind in der Kunst des Mittelalters üblich.

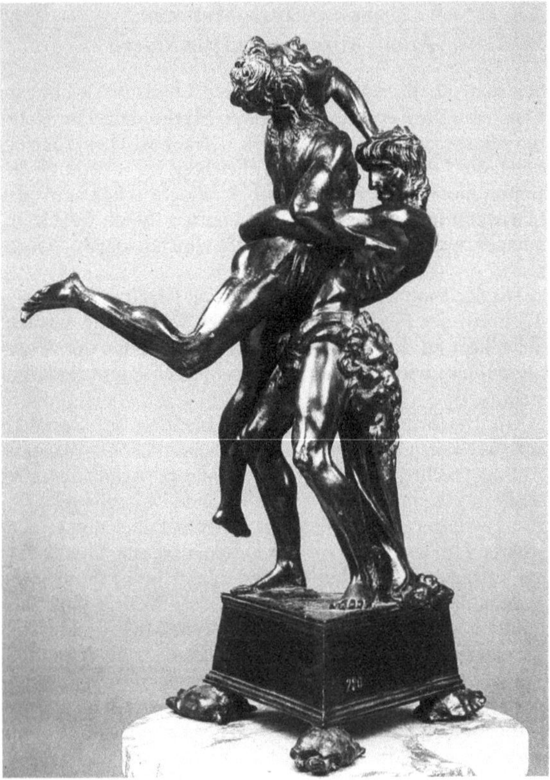

Antonio Pollaiuolo: Herkules und Anteus
Bronze, um 1460–70 (Florenz, Bargello)

Q: Apollodorus II,5,11; Hyginus, Fab. 31;
Ovid, Met. IX,184; Philostratus, Imagines II,21

ANTONIO POLLAIUOLO: Herkules und Anteus

Herkules gehört zu den populärsten Gestalten der antiken Mythologie. Er war Jupiters Sohn, seine Mutter Alkmene, die Gemahlin des thebanischen Königs Amphitryon. Herkules wurde erst nach seinem Tod in den Olymp aufgenommen. Sein Charakter wird in der Überlieferung widersprüchlich dargestellt. Mit übermenschlichen Körperkräften ausgestattet, vollbrachte er große Taten, dabei neigte er aber zu Jähzorn. Herkules wurde nicht nur wegen seiner Körperkräfte bewundert, er galt auch als Inbegriff moralischer Stärke und konnte daher u.a. als Personifikation von Herrschertugenden dienen. Durch das gesamte Mittelalter hindurch wurde er als vorbildlicher Held und nicht als heidnischer Halbgott angesehen.

Pollaiuolo stellt in seiner Bronze eine von Herkules' berühmtesten Taten dar. Auf dem Weg zu den Gärten der Hesperiden, wo Herkules die goldenen Äpfel holen sollte, begegnete ihm der Riese Anteus, der ihn zum Ringkampf herausforderte. Nicht einmal Herkules konnte ihn im regulären Kampf besiegen, denn Anteus, der Sohn der Mutter Erde, empfing von dieser unüberwindliche Kräfte, sobald er die Erde berührte. Herkules aber hob den Gegner empor und vermochte ihn so zwischen seinen Armen zu erdrücken. Die Komposition der Statuette ist von einem antiken Skulpturenfragment angeregt. Weder der sehnig magere Körper, noch der Kopf des Herkules folgen aber den bekannten antiken Darstellungen.

Pollaiuolo gehörte zu den ersten Künstlern in Florenz, die sich mit antiken Themen auseinandersetzten. Für den Palazzo Medici schuf er drei große (nicht erhaltene) Gemälde mit Szenen aus der Herkulessage, darunter auch den Kampf mit Anteus. Mit der Bronzestatuette griff er als einer der ersten eine Gattung der Kabinettkunst auf, die in besonderem Maße mit der Antike assoziiert werden sollte. Die Kleinbronze gelangte vor allem im 16. Jh. zu großer Blüte.

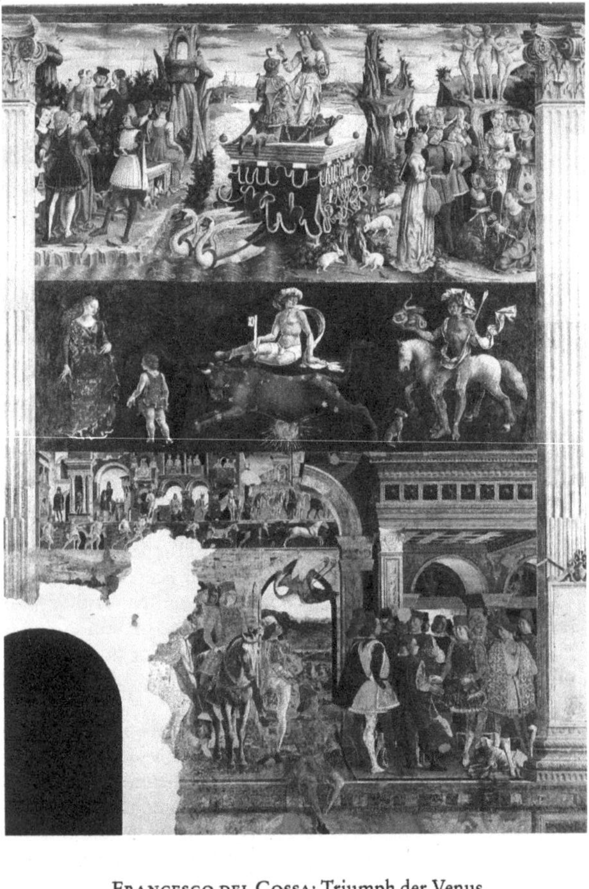

Francesco del Cossa: Triumph der Venus
Wandgemälde, um 1470 (Ferrara, Palazzo Schifanoia)

Francesco del Cossa: Triumph der Venus

In einer breiten, von einem Fluss beherrschten Landschaft, thront weiß gekleidet die Göttin Venus auf einem vornehm geschmückten und von Schwänen gezogenen Gefährt. Vor ihr kniet ein an ihren Thron gefesselter Ritter, der Kriegsgott Mars. Venus hält ihm ein Herz vor. An den Ufern sind höfisch gekleidete junge Menschen, darunter auch Liebespaare, musizierend und miteinander plaudernd versammelt. Auf einem Felsen im Hintergrund stehen drei nackte Frauengestalten, die Grazien. Zahlreiche Kaninchen tummeln sich am Boden.

Venus, erkennbar an ihren Attributen, den Schwänen, dem Herzen in ihrer Hand, den Kaninchen sowie den Grazien, dominiert die Szene. Allein ihr sonst ständiger Begleiter Amor fehlt. Der Kriegsgott Mars hat sich der Macht der Liebesgöttin ergeben, der auch die Jugend an den Ufern verfallen ist. Das Bild gehört zu einem Freskenzyklus mit Monats- und Planetendarstellungen, die die Macht der Planeten über die Menschen durch Darstellungen der charakteristischen Tätigkeiten der »Planetenkinder« zeigen. Das war gerade im 15. Jahrhundert ein sehr beliebtes Thema. Die Darstellung der »Planetenkinder« ist mit den entsprechenden Zeichen des Tierkreises und Szenen aus dem Leben am Hofe des Herzogs Borso d'Este kombiniert.

Der Aufzug der Venus steht in der Tradition von Petrarcas *Trionfi* und ist nach dem Vorbild der höfischen Triumphzüge gestaltet. Die »Venuskinder« sind in zeitgenössische Kostüme gekleidet. Venus und Mars lassen sich nicht ohne weiteres als antike Götter erkennen, vielmehr könnten sie auch aus einem Ritterroman stammen. Nur die Grazien sind nach antikem Vorbild dargestellt. Dieser unbekümmerte Umgang mit den antiken Stoffen war charakteristisch für die Kunst an den italienischen Höfen des 15. Jh.s, die die Einflüsse der glanzvollen burgundischen Hofkultur mit einem starken Interesse für die Antike verband.

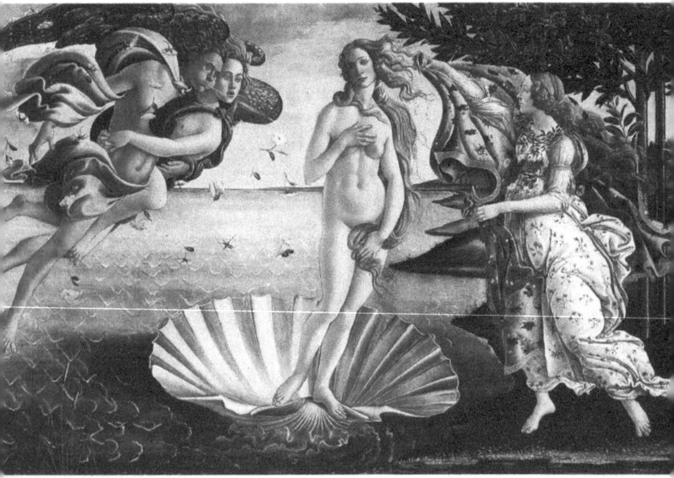

SANDRO BOTTICELLI: Geburt der Venus
Tempera auf Leinwand, um 1482 (Florenz, Uffizien)

Sandro Botticelli: Geburt der Venus

Gemäß der traditionellen Überlieferung wurde Venus aus dem Schaum geboren, den die Meereswellen aus dem Samen des entmannten Uranos schlugen – worauf ihr Beiname Anadyomene anspielt.

Obwohl meist »Geburt der Venus« genannt, stellt Botticellis Gemälde aber nicht diese Szene, sondern die Landung der Göttin nach ihrer Geburt auf Cythera dar. Die Komposition scheint auf keine bestimmte literarische Quelle zurückzugreifen. Venus steht, in leichtem Kontrapost und mit graziöser Pudica-Geste, auf einer von sanften Wellen ans Land getriebenen Muschel. Dort wird sie von einer der Horen, hier eine Personifikation des Frühlings, empfangen, die aus einem Orangenhain herbeieilt, um ihr einen mit Blumen bestickten purpurnen Mantel umzulegen. Das Kleid des »Frühlings« ist mit blauen Kornblumen bestickt, um die Taille trägt er einen Gürtel aus Rosen und um den Hals einen Myrtenkranz.

Von links stürmt Zephyr, der Westwind, mit seiner Tochter Chloris herbei. Durch seinen kraftvollen Atem flattern die goldenen Haare der Göttin im Winde. Rosen regnen vom Himmel auf sie herab. Venus ist hier die Göttin des Frühlings und der Fruchtbarkeit – wenn sie in Begleitung von Zephyr und Chloris erscheint, blüht die Natur auf.

Gleichzeitig huldigt das Gemälde der weiblichen Schönheit; damit dürfte es das erste Beispiel eines weiblichen Aktes ohne moralisierenden Sinn in der nachantiken Kunst sein. Zudem ist es ein frühes Beispiel für die Darstellung einer antiken Gottheit in eindeutig antikisierender Formensprache. Als Vorbild diente eine antike Skulptur vom Typus der Venus Medici. Der Auftraggeber ist nicht bekannt. Vermutlich wurde das Bild für ein Mitglied der Familie Medici gemalt – auf jeden Fall hing es im 16. Jh., zusammen mit seinem Gegenstück, Botticellis *Primavera*, in der Villa in Castello bei Florenz, einer der wichtigsten Landsitze der Medici.

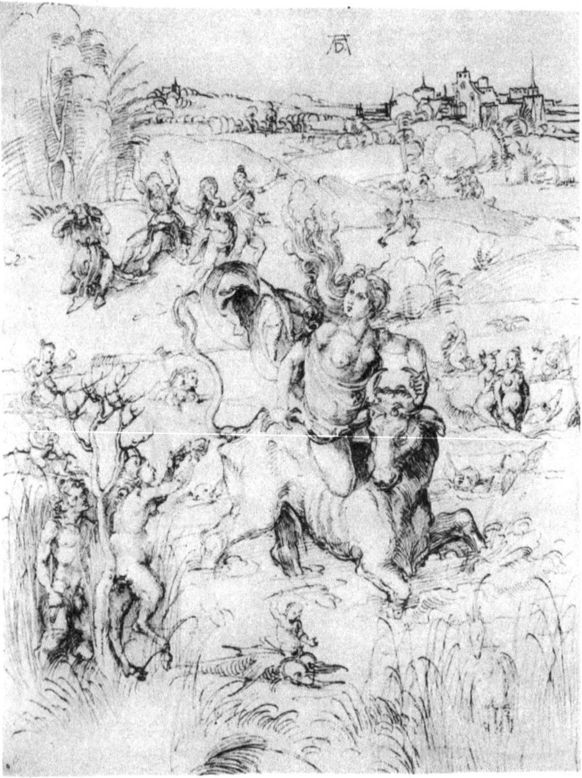

Albrecht Dürer: Raub der Europa
Federzeichnung, um 1495 (Wien, Albertina)

Q: Ovid, Met. II,836–875

Albrecht Dürer: Raub der Europa

Europa war die Tochter des phönizischen Königs Agenor. Als sie mit ihren Gespielinnen am Ufer des Meeres Blumen pflückte, sah Jupiter sie und begehrte sie. Einschmeichelnd näherte er sich den Mädchen in Gestalt eines schönen weißen Stiers. Diese flüchteten, nur Europa traute sich an das Tier heran, streichelte es, schmückte seine Hörner mit Blumen und setzte sich schließlich auf seinen Rücken. Daraufhin stürzte der Stier ins Wasser und schwamm mit seiner Beute davon, hinüber nach Kreta. Aus dieser Verbindung entsprang Minos, der spätere König und Gesetzgeber Kretas. Die Entführung Europas wird von Ovid lebhaft beschrieben und gehört zu den häufig dargestellten Szenen der Metamorphosen.

Dürer verlegt die mit zügigen Federstrichen gezeichnete Szene in eine hügelige Landschaft, die von Satyrn, Najaden und märchenhaften Tiergestalten bevölkert ist. Am Ufer bleiben die Gespielinnen zurück. Zwei raufen sich die Haare wie antike Klageweiber und bringen mit wilden Gesten ihr Entsetzen zum Ausdruck; andere laufen, aufgeregt gestikulierend, zur Stadt zurück. Europa selbst scheint ihr Schicksal gelassen zu tragen. Nur ihr heftig flatterndes Haar und das vom Wind aufgebauschte Gewand drücken Erregung aus. Sie hält sich mit einer Hand an einem Horn fest, die andere stützt sie auf den Rücken des Stieres. Sie blickt zum Himmel empor und scheint sich der göttlichen Fügung bewusst zu sein. Das Treiben der Meereswesen und des Satyrpaares im Schilf geben der Entführung den Charakters eines Triumphzuges.

Die Zeichnung dürfte während oder nach Dürers erstem Aufenthalt in Venedig (Oktober 1494) entstanden sein und hat wahrscheinlich ein zeitgenössisches italienisches Gemälde als Vorlage. Sie folgt aber auch recht genau Ovids Darstellung, der beschreibt, wie Europa sich auf dem Stierrücken festhält und ihre Kleidung im Winde flattert.

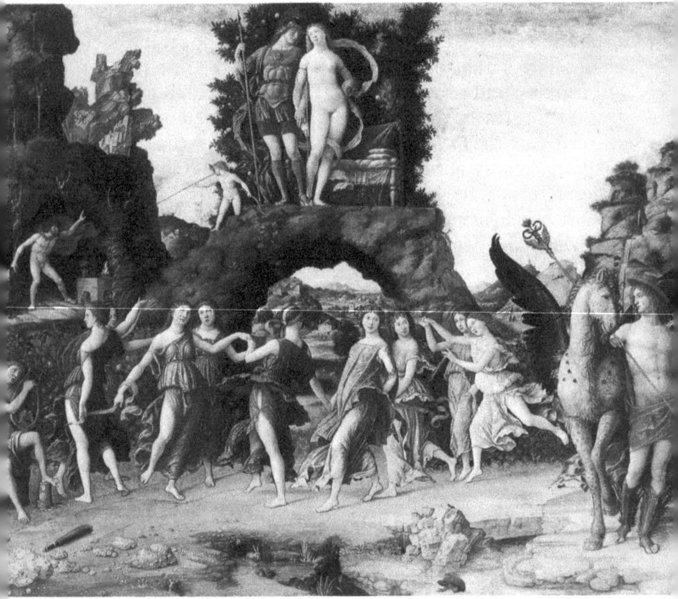

ANDREA MANTEGNA: Der Parnass
Tempera auf Leinwand, um 1496 (Paris, Louvre)

Andrea Mantegna: Der Parnass

Das Gemälde war ursprünglich, zusammen mit anderen Bildern von Mantegna, Perugino und anderen Meistern Teil der Ausschmückung von Isabella d'Estes »Studiolo« im Palast von Mantua. Auf einem Felsbogen in der Mitte einer gebirgigen Landschaft stehen Venus und Mars. Hinter ihnen befindet sich ein prächtiges Bett, umgeben von Orangenbäumen. Vor ihnen tanzen die neun Musen zur Musik von Apollos Leier. Am rechten Bildrand steht Merkur mit Pegasus als Symbole von Kunst und Wissenschaft. In einer Höhle am linken Bildrand ist der Schmied Vulkan zu sehen, der mit drohender Gebärde auf Venus und Mars zeigt.

Das Gemälde illustriert keine Episode aus der antiken Literatur, versteht sich vielmehr als eine Allegorie auf die Auftraggeberin. Venus gibt ein Bild der Isabella wider, Mars dasjenige ihres Ehemannes, des Söldnerführers Francesco Gonzaga. Beide, Venus und Mars, verkörpern das ideale Paar, bezeugt durch ihre erhöhte Position. Dass ihrer Beziehung ein Ehebruch vorausgeht, spielt hier keine Rolle. Der betrogene Ehemann Vulkan erscheint in seinem Zorn zwar lächerlich, er verkörpert aber nicht so sehr den betrogenen Ehemann als die niederen, irdischen Triebe, die in der Liebe zwischen Venus und Mars als überwunden gelten. Diese Deutung legt ein Detail nahe: Der Knabe neben Venus und Mars zielt mit einem Rohr auf das Geschlecht Vulkans. Er wird in der Forschung nicht als Amor/Eros, sondern als Anteros gedeutet. Auch er war ein Sohn der Venus, der im Gegensatz zu Amor mit seinen Pfeilen nicht die fleischliche, sondern die himmlische Liebe entzündete.

Thema des Bildes ist das göttliche Paar: An der Seite Ihres Gatten herrscht Isabella über den Parnass, das Reich der Künste und Wissenschaften, ihren Hof in Mantua. Als Gegenstück zum »Parnass« malte Mantegna 1502 eine Allegorie, die die Tugend Isabellas huldigt: Minerva, als Göttin der Weisheit, vertreibt die Laster aus dem Garten der Tugend.

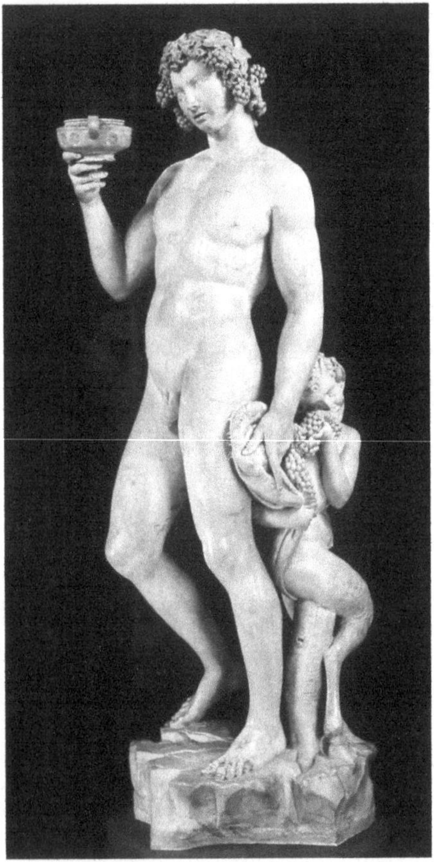

MICHELANGELO: Bacchus
Marmor, 1496/97 (Florenz, Bargello)

Michelangelo: Bacchus

Bacchus, Jupiters Sohn, ist der Gott des Weines und der Fruchtbarkeit. Sein Kult zeichnet sich durch orgiastische Exzesse und rauschhafte, »dionysische« Hemmungslosigkeit aus. Die antike Kunst stellt ihn in der Regel als einen etwas effeminierten Jüngling dar.

Michelangelo gibt Bacchus leicht taumelnd wider. Um seinen Kopf ist ein Kranz aus Weinlaub und Trauben gebunden. Mit schrägem Blick schielt er zur Schale, die er zum Munde führen will. In der linken Hand hält er den Zipfel eines Pantherfells sowie Trauben, von denen ein kleiner Satyr, der hinter ihm steht, nascht. Der Satyr gehört zum traditionellen Gefolge des Weingottes; hier übernimmt er vor allem die Aufgabe, die Standfestigkeit der Statue zu sichern und Rücken- wie Seitenansichten der Skulptur zu beleben. Der etwas mollige Körper trägt ebenso zur Charakterisierung des weinseligen Gottes bei, wie sein unsicherer Stand und der Traubenschmuck.

Die Darstellung eines antiken Gottes in voller Lebensgröße, nackt und aus Marmor, stellt in dieser Form etwas Neues in der nachantiken Kunst dar. Sie war zu dieser frühen Zeit wohl auch nur in dem von neu erwachter Antikenbegeisterung beherrschten Rom möglich.

Michelangelo begann die Arbeit an der Statue im Sommer 1496. Der Auftraggeber, Kardinal Riario, war ein eifriger Sammler antiker Skulpturen, sodass nicht ausgeschlossen ist, dass Michelangelos Werk den Besuchern seines Palastes als eine echte Antike präsentiert werden sollte. Solche bewusste Täuschungen waren in Rom zu jener Zeit beliebt. Riario selbst hatte sich von einer Skulptur Michelangelos, die ihm als ein Werk der Antike angeboten wurde, täuschen lassen. Dass der Künstler mit diesem Werk in Wettstreit mit der antiken Kunst treten wollte, steht außer Zweifel. Für einen ehrgeizigen jungen Bildhauer war das ein Erfolg versprechender Weg, Ruhm und Anerkennung zu gewinnen.

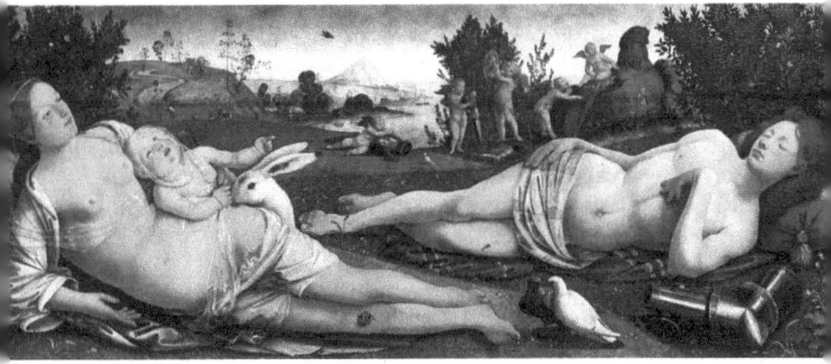

PIERO DI COSIMO: Venus und Mars
Öl auf Holz, um 1500 (Berlin, Staatliche Museen)

Piero di Cosimo: Venus und Mars

Venus, die Gattin Vulkans, hatte ein Liebesverhältnis mit dem Kriegsgott Mars, was Stoff für unzählige Darstellungen der bildenden Kunst lieferte. Allen moralischen Bedenken zum Trotz wurden Venus und Mars als das ideale Liebespaar angesehen. Dies erklärt sich auch daraus, dass Venus mit ihren eigenen Waffen den Kriegsgott geschlagen hat, so auch auf diesem Bild, auf dem die beiden auf einer blühenden Wiese ruhen.

Mars ist eingeschlafen und bemerkt nicht, dass die Amorinen, das verspielte Gefolge der Venus, seine abgelegte Rüstung und Waffen weggetragen haben und damit Schabernack treiben. Venus wartet, scheinbar gelangweilt, dass Mars wieder erwacht. In ihrem linken Arm hält sie den verspielten kleinen Amor und ein großes weißes Kaninchen. Zu ihren Füßen turtelt ein Taubenpaar. Tauben und Kaninchen gehören seit der Antike zu den Attributen der Venus.

Die Bildwirkung hängt entscheidend mit der Darstellung der Landschaft zusammen. Der Vordergrund ist eine blühende Wiese, gerahmt von Myrtenbüschen, dahinter befinden sich eine Meeresbucht und Berge. Die ganze Landschaft ist in ein stimmungsvolles Licht gehüllt, das an Gemälde von Leonardo erinnert. Die einzelnen Pflanzen zeugen von liebevoller Beobachtung. Die Stoffe lassen ihre unterschiedlichen Qualitäten erkennen. Bemerkenswert ist vor allem der dünne, durchsichtige Schleier, in dem sich der kleine Amor verfangen hat. Dies alles zeigt, dass der Künstler sich mit der altniederländischen Malerei, die damals in Florenz sehr bewundert wurde, auseinandergesetzt hat.

Bei dieser reizvollen Darstellung handelt es sich um eine freie Weiterdichtung des Themas »Venus und Mars« und nicht um die Illustration eines bestimmten Textes. Sie wurde, wie ein sehr ähnliches Bild von Botticelli (um 1485; London, National Gallery) auch, wahrscheinlich anlässlich einer Hochzeit gemalt.

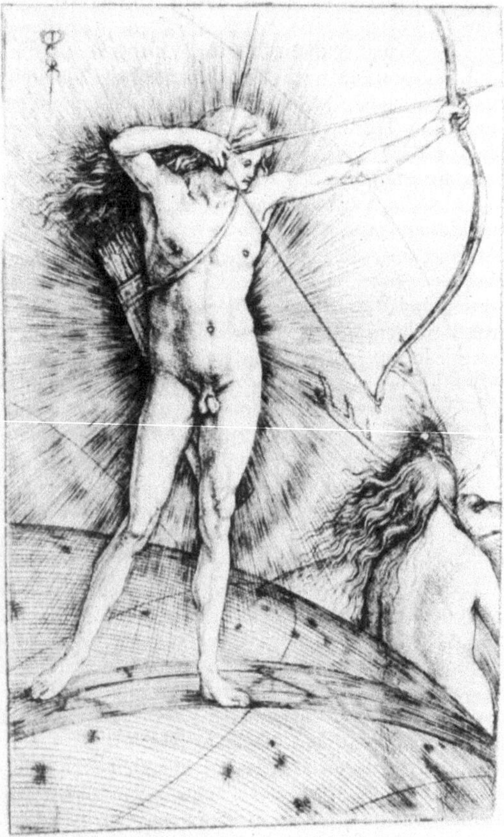

JACOPO DE' BARBARI: Apoll und Diana
Kupferstich, um 1500

Jacopo de' Barbari: Apoll und Diana

Apoll präsentiert sich hier in Anlehnung an den antiken *Apollo di Belvedere* als Bogenschütze. Diana ist als Rückenakt zu sehen und scheint sich von Apoll zu entfernen. Bei sich hat sie als Attribut einen Hirsch mit großem Geweih. Die Kugel, auf der sich die beiden Götter befinden, ist der Himmelsglobus. Auf ihr zeigt sich Apoll, der Sonnengott – darauf verweist die Gloriole, die ihn umgibt. Diana, obwohl mit dem Attribut der Jagdgöttin dargestellt, ist die Mondgöttin, die der Sonne weicht.

Über den Künstler Jacopo de' Barbari ist wenig bekannt. Wahrscheinlich stammte er aus Venedig. In den Jahren um 1500 war er in Nürnberg tätig, wo er engen Kontakt mit Dürer hatte. Später arbeitete er in den Niederlanden. Für die Vermittlung der italienischen Renaissancekunst nach Deutschland dürfte er eine wichtige Rolle gespielt haben.

Bekannt ist eine Zeichnung von Dürer, die in ähnlicher Weise Apoll als Sonnengott und Diana als Mondgöttin darstellt. Sie belegt die zeitweilig enge Verbindung, die zwischen den beiden Künstlern bestanden haben muss. Wie wichtig die astronomische Thematik für beide war, ist nicht mehr zu sagen. Beide Blätter bezeugen aber die beiderseitige Bemühung um die Konstruktion idealer Aktfiguren. Das bekannteste Beispiel dafür ist Dürers Stich *Adam und Eva* von 1504. Es ist daher anzunehmen, dass nicht die Ikonographie, sondern die ästhetische Bedeutung der Blätter im Vordergrund stand.

Dennoch ist die Kennzeichnung der Figuren als Planetengötter sicher nicht willkürlich, auch wenn wir den Sinnzusammenhang nicht mehr kennen. Darstellungen der antiken Götter als Personifikationen von Planeten und Sternen haben eine lange Tradition in der Kunst, die bis in die Antike zurückreicht. Sie erlebte eine besondere Blüte im 15. und 16. Jh.

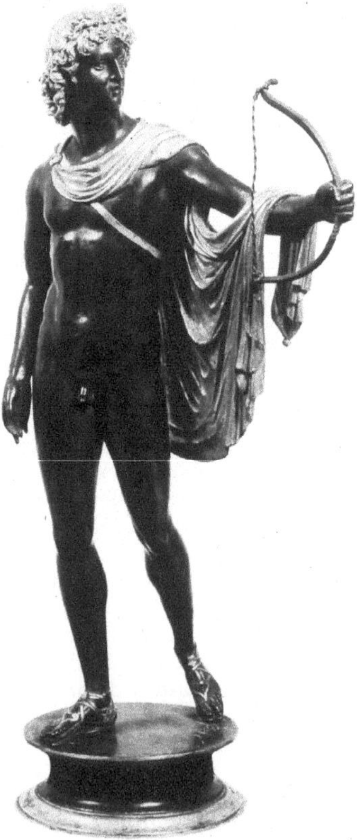

PIER JACOPO ALARI-BONACOLSI, gen. ANTICO: Apoll
Bronze, um 1500 (Venedig, Ca d'Oro)

Q: Apollodorus I,4,1; Hyginus, Fab. 140;
Ovid, Met. I,438–450

Pier Jacopo Alari-Bonacolsi, gen. Antico: Apoll

Die Bronzestatuette ist eine verkleinerte freie Kopie der antiken Marmorstatue, die sich im Belvederehof des Vatikans befindet. Sie wurde wahrscheinlich für den Studiolo der Markgräfin Isabella d'Este von Mantua oder für einen anderen fürstlichen Auftraggeber angefertigt. Dafür sprechen die ungewöhnlich sorgfältige Bearbeitung der Bronze, die Feuervergoldung von Mantel und Haaren und die Silbereinlegearbeit der Augen. Die Markgräfin besaß mehrere vergleichbare Kopien nach antiken Skulpturen von Anticos Hand. Sie dürften alle auf Studien zurückgehen, die der Künstler während eines Aufenthaltes in Rom 1497 anfertigte.

Anticos Statuetten sind Ausdruck einer neu erwachten Wertschätzung bestimmter antiker Kunstwerke. Dazu gehörten vor allem die Skulpturen, die unter Papst Julius II. im Belvederehof des Vatikans aufgestellt wurden, so 1503 die antike Marmorstatue Apolls. Nachdem sie in den Belvederehof gelangt und restauriert worden war, galt sie für fast dreihundert Jahre als eins der vorzüglichsten Meisterwerke der antiken Kunst. Anticos Bronze ist ein frühes Beispiel für die besondere Bewunderung dieser antiken Skulptur. Er hat sie studieren können, bevor sie in den Vatikan überführt wurde. Damals fehlte noch ein Stück des linken Armes und Teile der rechten Hand. Das erklärt die Abweichungen der Statuette vom antiken Original, das uns heute mit den Ergänzungen von 1533 bekannt ist.

Die Darstellung Apolls als Bogenschütze spielt auf die Tötung der Schlange Python an, ein Ungeheuer, das die Erde nach der großen Sintflut zum Schrecken des neuen Menschengeschlechts hervorgebracht hatte. Mit zahllosen Pfeilen streckte Apoll die riesige Schlange nieder. Später verkündete er an diesem Ort durch die Priesterin Pythia seine Orakelsprüche und stiftete zur Erinnerung an diese Tat die Pythischen Spiele.

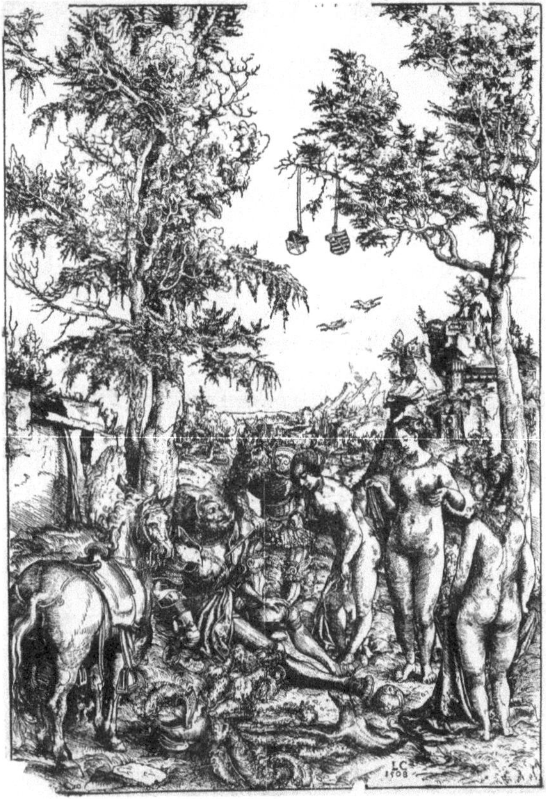

LUCAS CRANACH: Urteil des Paris
Holzschnitt, um 1508

Q: Apollodorus III,12,148–150;
Epitome III,2–3; Hyginus, Fab. 92

Lucas Cranach: Urteil des Paris

Auf Geheiß der Götter sollte die Meeresgöttin Thetis Peleus, den Sohn des Aiakos, heiraten. Zur Hochzeit wurden alle Götter außer Eris, der Göttin der Zwietracht, eingeladen. Um sich zu rächen, warf sie einen Apfel mit der Aufschrift »Für die Schönste« in die Festrunde. Juno, Minerva und Venus beanspruchten alle drei den Apfel. Man einigte sich darauf, Paris die Entscheidung zu überlassen.

Paris war ein Königssohn aus Troja, lebte aber als Hirte am Berge Ida. Angeführt von Merkur, suchten die Göttinnen Paris auf und baten um sein Urteil. Juno versprach ihm die Herrschaft über ganz Asien, Minerva ständige Siege, wenn er ihr den Preis gab. Venus aber versprach ihm, als Belohnung die schöne Helena zur Frau zu bekommen. Paris entschied sich für Venus. So löste der scheinbar harmlose Schönheitswettbewerb die Katastrophe des Trojanischen Krieges aus.

Cranach verlegt die Szene in eine gebirgige Landschaft. Merkur und die drei Göttinnen finden Paris schlafend und wecken ihn. Überrascht beobachtet er die drei Schönen, die sich vor seinen Augen entkleiden. Paris ist nicht als Hirte, sondern als Ritter dargestellt, um seine vornehme Herkunft anzudeuten. Auch Merkur trägt eine Rüstung. Nur die Flügel am Helm und an den Knien weisen ihn als den Götterboten aus. Den Göttinnen sind keine Attribute beigegeben; wahrscheinlich ist aber die mittlere, die sich selbstbewusst darbietet, die künftige Siegerin Venus. Auf dem Boden vor ihnen liegt der große Zankapfel.

Cranachs Darstellung lässt kaum an eine antike mythologische Szene denken. Vielmehr scheint sie eine Illustration aus einem Ritterroman zu sein. Recht genau folgt sie aber der Szene bei Ovid, der schreibt, dass die Göttinnen sich vor den Augen des Paris entkleiden mussten. Diese Passage findet in der antiken Kunst keine Entsprechung, in der außer Venus keine Göttin je nackt dargestellt wurde.

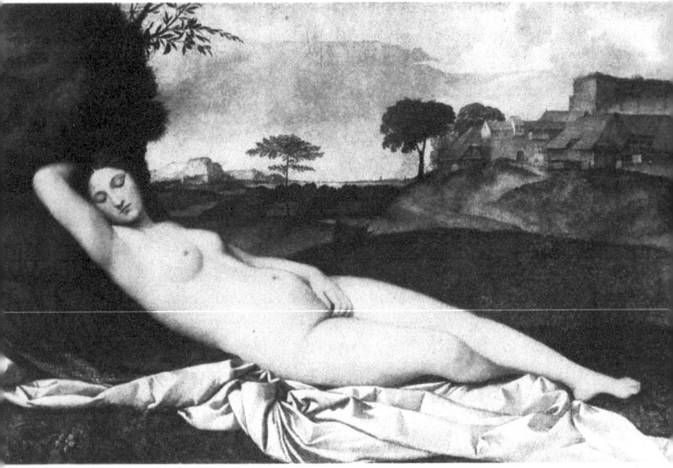

GIORGIONE: Venus schlafend
Öl auf Leinwand, um 1510 (Dresden, Gemäldegalerie)

Giorgione: Venus schlafend

1525 beschreibt ein Reisender ein Gemälde in einer venezianischen Privatsammlung wie folgt: »die nackte schlafende Venus in einer Landschaft, mit Cupido, gemalt von Giorgione. Aber Cupido und die Landschaft sind von Tizian«. Dieses derart beschriebene Bild wird traditionell mit dem Gemälde in Dresden identifiziert, das, nachdem die Zuschreibung immer wieder umstritten war, heute zu den Hauptwerken des jung verstorbenen Giorgione zählt. Cupido ist zwar heute nicht mehr zu sehen, moderne Röntgenfotografien aber haben Reste der Figur unter einer Übermalung an den Füßen der Venus freigegeben.

Die liegende Gestalt stellt mit ihren überlangen Proportionen ein Idealbild weiblicher Schönheit dar, das von antiken Vorbildern inspiriert ist. Giorgione hat seine Figur nach dem Typus einer *Venus pudica* (»schamvollen V.«) geformt; die Haltung des Armes über dem Kopf ist dem Typus der schlafenden Nymphe entlehnt. Eine antike literarische Quelle für das Motiv der in einer Landschaft schlafenden Venus scheint es nicht zu geben. Vermutlich ist es eine poetische Erfindung Giorgiones, die von Tizian und anderen venezianischen Malern oft nachgeahmt werden sollte. Die Verschmelzung von Figur und Landschaft, die diese Darstellung kennzeichnet, war ebenfalls neu. Sie zeugt von einem gewandelten Verständnis von Natur und Antike, zugleich aber auch von einer stimmungsbetonten Ästhetik, die ein Kennzeichen der venezianischen Malerei wurde.

Anregungen zu diesem Bild kann Giorgione von dem um 1500 beliebten Motiv der in der Landschaft schlafenden Nymphe erhalten haben, die allerdings meist von einem Satyr begehrt wird. Diese erotische Note fehlt hier. Giorgione verkörpert einen neuen Künstlertypus, der sich nicht mehr als nur Handwerker sah. Anders als die meisten seiner Berufsgenossen unterhielt er Beziehungen zu den führenden Humanisten- und Literatenkreisen der Stadt.

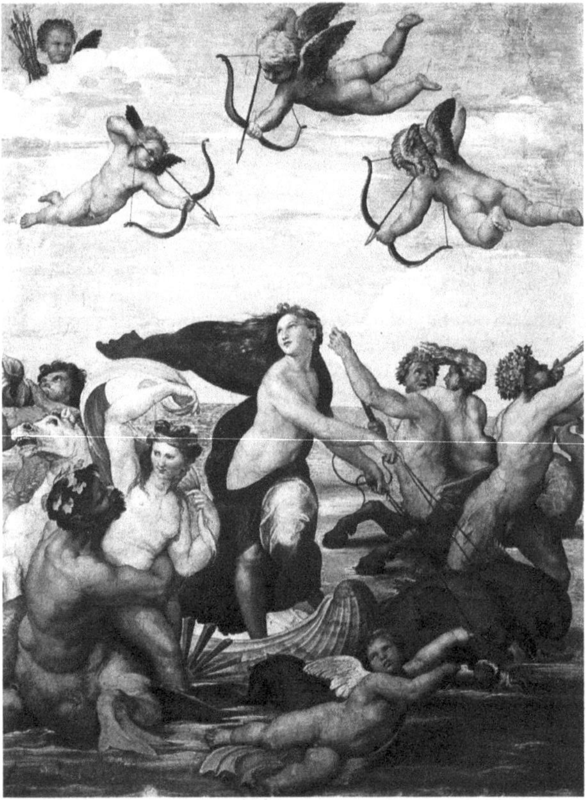

RAFFAEL: Galateas Triumph
Wandgemälde, um 1515 (Rom, Villa Farnesina)

Raffael: Galateas Triumph

Das Gemälde gehört zur Originalausstattung von Agostino Chigis Villa am Tiber, der späteren Villa Farnesina, die zur Entstehungszeit unmittelbar vor den Mauern Roms gelegen war. Wie in kaum einem anderen Gebäude aus dieser Zeit spürt man hier den Ehrgeiz des Bauherrn und der Künstler, durch die künstlerische Ausstattung den Glanz des antiken Rom wieder auferstehen zu lassen. Die Villa des reichen Bankiers diente als Treffpunkt der intellektuellen Elite Roms.

Galateas Triumph stellt einen Höhepunkt in Raffaels Auseinandersetzung mit der antiken Mythologie dar. Hier findet man den idealen Stil der Hochrenaissance in einem Bild verwirklicht, das so auftritt, als habe es die Kunst der Antike zu neuem Leben erweckt. Künstler wie Annibale Carracci und Poussin sollten an dieses Gemälde anknüpfen.

Die Nymphe Galatea, Tochter des Meeresgottes Nereus, wird von dem Zyklop Polyphem geliebt, den sie aber zurückweist. Er besingt ihre Schönheit und versucht sie zu umwerben. Auf Raffaels Gemälde lenkt sie, umgeben von Tritonen, Najaden und Hippokampen ein Gespann von Delphinen, die sie in wilder Fahrt über das glatte Meer ziehen. Amorinen zielen aus der Luft auf sie mit ihren Pfeilen, um sie umzustimmen, oder um sie daran zu erinnern, dass sie einen anderen, den schönen Jüngling Acis, liebt. Galatea blickt im Vorbeifahren über die Schulter zurück nach Polyphem, den Sebastiano del Piombo auf einem Fresko über der angrenzenden Tür dargestellt hat.

Das Motiv kann Raffael verschiedenen antiken Quellen entnommen haben. Wahrscheinlich stellt das Fresko aber vor allem den Versuch dar, ein durch die Beschreibung Philostrats überliefertes antikes Gemälde zu »rekonstruieren«. Einige Jahre später malte Raffael mit seinen Gehilfen auch den berühmten Psyche-Zyklus in der Gartenloggia der Villa.

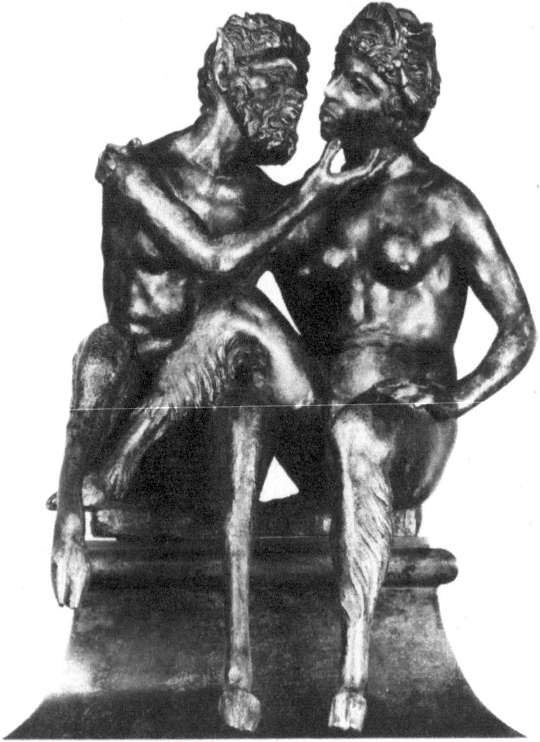

ANDREA RICCIO: Satyr und Nymphe
Bronze, um 1515 (London, Wallace Collection)

ANDREA RICCIO: Satyr und Nymphe

Die Satyrn gehören zum Gefolge des Bacchus. Sie werden als Mischwesen mit Beinen eines Ziegenbocks, einem menschlichen Oberkörper und einem Kopf mit ziegenähnlichem Gesicht, spitzen Ohren und Hörnern dargestellt. Als Naturwesen bevölkern sie Wälder und Auen. Sie verkörpern die natürlichen Triebe, ihre ungehemmte Sexualität ist ein hervorstechender Zug.

Sexualität ist auch das Thema dieser kleinen Statuette. Die stille Intimität der Szene vermittelt zugleich eine Zärtlichkeit, die man selten mit den Satyrn verbindet. Die Liebesszene geht nicht auf eine literarische Quelle zurück. Sie ist eine freie Erfindung des Künstlers, der am Beispiel der Naturwesen zahlreiche von jeglicher Prüderie befreite Darstellungen der Liebe schuf. Nach den vielen Kopien und Nachahmungen seiner Statuetten zu urteilen, waren sie sehr begehrt. Ursprünglich diente eine in Bronze naturalistisch gearbeitete Erdbank dem Pärchen als Untersatz.

Andrea Riccio war in Padua tätig und pflegte enge Beziehungen zu den Humanistenkreisen der Universität. Dort fand er wahrscheinlich die Abnehmer für seine Bronzestatuetten mit antiker Thematik. In Anlehnung an die Werke Donatellos, die er in S. Antonio in Padua studieren konnte, entwickelte er in seinen Bronzeplastiken eine sehr freie Handschrift; seine Werke vermitteln wegen der frischen, freien Modellierung und der oft nur flüchtigen Nachbearbeitung der Güsse einen skizzenhaften, besonders spontanen Eindruck. Wahrscheinlich verstärkte das in den Augen der Zeitgenossen ihren antikisierenden Charakter. Charakteristisch für seine Kunst ist auch die Verwendung von Abgüssen von Krebsen, Eidechsen, Schlangen usw. Riccios Statuetten wurden nicht selten mit Gebrauchsgegenständen kombiniert, z. B. als Halter von Leuchten oder Tintenfässern.

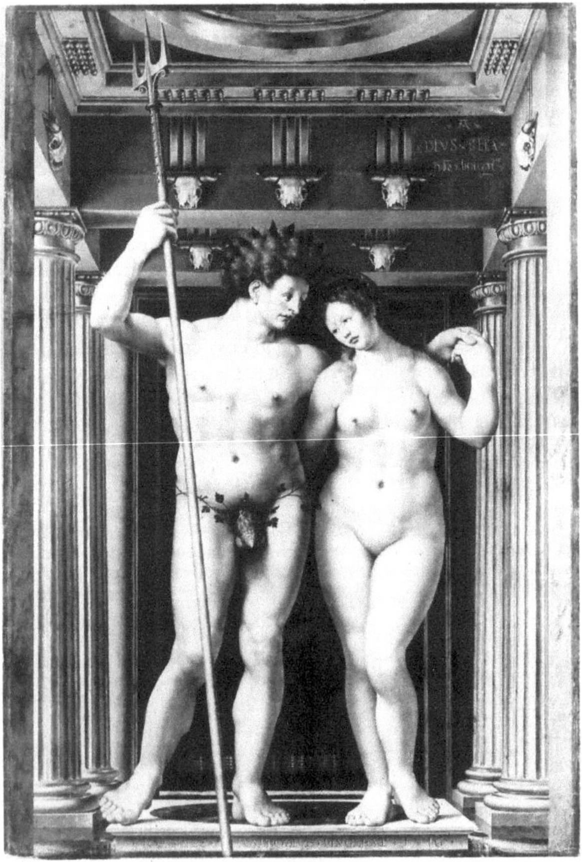

Jan Gossaert: Neptun und Amphitrite
Öl auf Holz, 1516 (Berlin, Gemäldegalerie)

Jan Gossaert: Neptun und Amphitrite

Jan Gossaert, nach seinem Geburtsort Maubeuge auch »Mabuse« genannt, galt unter seinen Zeitgenossen als erster Künstler, der in den Niederlanden »historische und poetische Themen in italienischer Manier durch nackte Figuren darstellte«. Während eines Aufenthaltes in Rom 1508–09 war er mit der antiken Kunst und den Werken der italienischen Hochrenaissance bekannt geworden. In Philipp von Burgund (1466–1542), dem humanistisch gebildeten Admiral und späteren Bischoff von Utrecht, fand er einen Auftraggeber, der eine Kunst im Geiste der Renaissance förderte. Für dessen Schloss Souburg in Zeeland malte er Neptun und Amphitrite. Das fast zwei Meter hohe Gemälde war dort Teil eines umfassenden, heute nicht mehr erhaltenen Bildprogramms.

Neptun ist der Herrscher über das Meer, Amphitrite, Tochter des Meeresgottes Nereus, seine Gemahlin. Wie zwei Kultbilder stehen sie in einem Tempel, dessen strenge Architektur in dorischer Ordnung um diese Zeit für die Niederlande eine absolute Neuheit darstellte. Der Boden des Tempels ist, passend zum maritimen Thema, mit Wasser bedeckt. In seiner rechten Hand hält Neptun den Dreizack, sein wichtigstes Attribut. Seine Linke legt er Amphitrite um die Schultern und fasst ihre Hand. Dass Neptun hier in jugendlichem Alter und nicht, wie sonst üblich, als bärtiger älterer Mann dargestellt wird, mag daran liegen, dass sich noch keine feste Ikonographie der antiken Götter herausgebildet hatte.

Während die Darstellung der Architektur ohne direktes Studium antiker Bauwerke in Rom kaum denkbar ist, lehnen sich Neptun und Amphitrite vor allem an Dürers berühmten Stich *Adam und Eva* von 1504 an. Das dürfte kein Zufall sein. Gossaert arbeitete auf Schloss Souburg zusammen mit Jacopo di Barbari, der zuvor in Nürnberg in nahem Kontakt zu Dürer gestanden hatte.

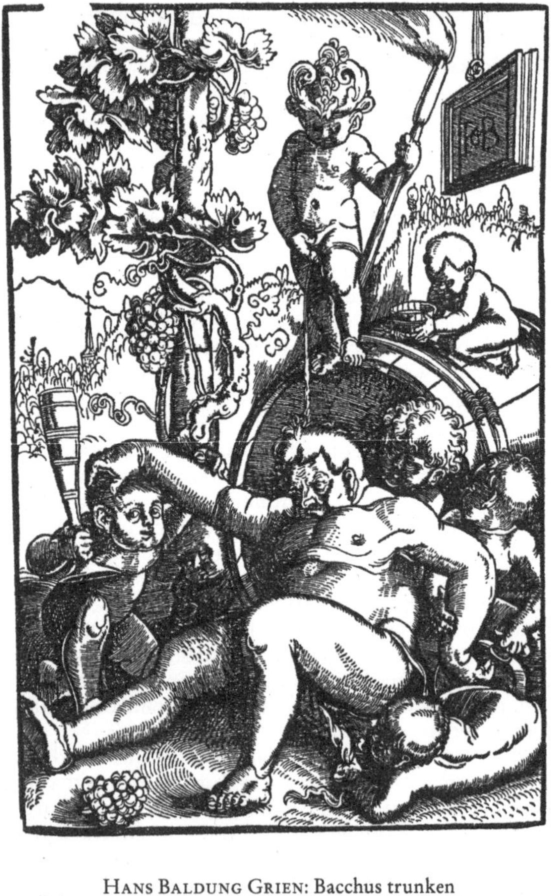

Hans Baldung Grien: Bacchus trunken
Holzschnitt, um 1520

Hans Baldung Grien: Bacchus trunken

In der deutschen Kunst setzt die Beschäftigung mit Themen der antiken Mythologie um 1500 ein. Unter den Malern sind neben Dürer vor allem Cranach und Hans Baldung Grien zu nennen. Sie standen im engen Kontakt mit den deutschen Humanisten. Anregungen zu den antiken Bildthemen erhielten sie vor allem aus der Literatur, aber auch aus der zeitgenössischen italienischen Kunst, die jedenfalls Dürer aus eigener Anschauung kannte.

In Baldung Griens Holzschnitt begegnet uns ein anderer Bacchus als in Tizians Gemälde (S. 68): nicht der jugendliche Draufgänger, sondern ein feister, hoffnungslos betrunkener älterer Mann, der zum Gespött seiner Umgebung vor einem großen Weinfass zusammengesackt und Ziel eines pinkelnden Jungen geworden ist. Neben dem Fass schlängelt sich eine kräftige Weinrebe an einem Baumstamm empor, Trauben liegen auf dem Boden. Von oben rechts hängt eine Tafel mit dem Monogramm des Künstlers herab.

Da das Blatt keine Bezeichnung trägt, ist nicht auszuschließen, dass nicht Bacchus, sondern sein Begleiter Silen, gemeint ist. Dieser wird in der Regel alt und dick und meist auch betrunken dargestellt. Ob der Künstler den Weingott selbst oder seinen Begleiter meinte, ist in diesem Falle wohl nicht so wichtig. Das Thema sind die Folgen des unkontrollierten Weingenusses. Die Schabernack treibenden Putten und die Nacktheit der Figuren verdeutlichen jedoch, dass es sich um ein Motiv aus der antiken Mythologie handelt, das hier als Burleske dargeboten wird. Dabei hat sich mit dem Putto, der das Lendentuch von Bacchus' Geschlecht lüftet und einen Blick darauf wagt, ein Motiv der verwandten biblischen Szene von Noahs Trunkenheit (z.B. Giovanni Bellini) in die Darstellung hineingeschlichen.

Dass Baldung die Szene als Holzschnitt ausgeführt hat, zeigt, dass er für derartige profane Darstellungen mit einem größeren Abnehmerkreis rechnen konnte.

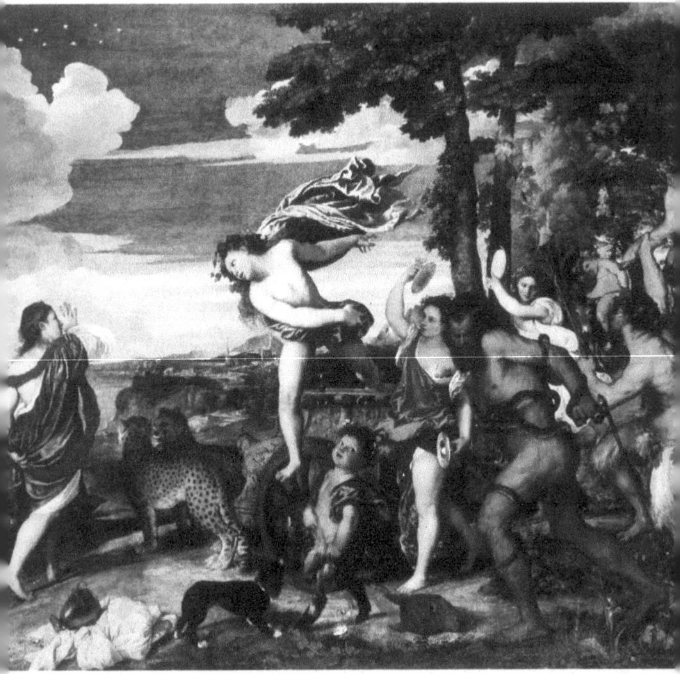

TIZIAN: Bacchus und Ariadne
Öl auf Leinwand, 1523 (London, National Gallery)
Q: Catull, Carmina LXIV,257–265; Ovid, Met. VIII,76–79

Tizian: Bacchus und Ariadne

Nach dem Sieg über Minotauros kehrte Theseus von Kreta zurück. Ariadne, die Tochter des Königs Minos, die ihm bei seiner Tat zu Seite gestanden hatte, begleitete ihn. Auf der Insel Naxos verließ er sie aber. Dort fand sie Bacchus und verliebte sich in sie. Bald zog auch er weiter, kehrte jedoch zurück, nachdem er Indien erreicht hatte.

Tizian stellt ihre zweite Begegnung dar. Ariadne, die einsam am Ufer der Insel wandert, wird von Bacchus überrascht. Der junge Gott springt vom Wagen, um zu ihr zu eilen. Sie dreht sich erschrocken von ihm ab, begegnet aber gebannt seinem Blick. Die Szene ist mit großer Dramatik und in leuchtenden Farben dargestellt. Hinter Bacchus sehen wir einen Teil seines ausgelassenen Gefolges: bocksbeinige Satyre, Cymbeln schlagende Mänaden und einen bärtigen, wild aussehenden Mann, an dem sich Schlangen winden – ein Beleg dafür, dass Tizian die einige Jahre zuvor in Rom gefundene antike Laokoongruppe kannte. Ein abgerissener Rehkopf im Gras und ein Bein, das der Satyr wie eine Keule schwingt, erinnern an die Grausamkeit der bacchanalischen Zügellosigkeit. Am Himmel zeigt sich ein Sternenkranz. Es ist die Krone Ariadnes, die Bacchus nach ihrem Tod zu einem Sternbild verwandelte.

Das Motiv jener zweiten Begegnung zwischen Bacchus und Ariadne ist in der bildenden Kunst sehr selten. Meist wird deren erste Begegnung dargestellt, bei der er sie schlafend findet. Tizian dürfte also direkt in einer literarischen Quelle Anregung gesucht haben; neben Ovid ist vor allem Catulls *Carmina* zu nennen. Bemerkenswert ist die naturgetreue Darstellung der exotischen Jagdleoparden. Tizian malte das Bild für den Studiolo Alphonso d'Estes in Ferrara, eines Bruders Isabella d'Estes. Das Werk gehörte zu einer Folge von Gemälden mit mythologischen Themen, von denen Tizian auch den *Bacchanal auf Andros* und das *Venusfest* malte, die sich heute im Prado (Madrid) befinden.

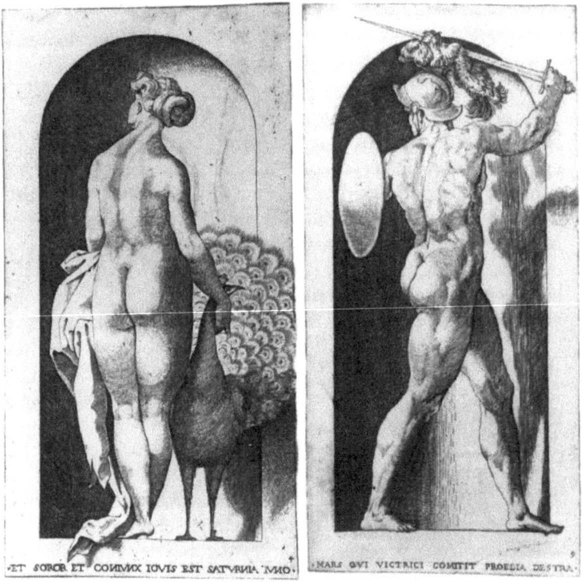

JACOPO CARAGLIO nach ROSSO FIORENTINO:
Antike Götter, Juno und Mars
Kupferstich, um 1526

Jacopo Caraglio nach Rosso Fiorentino: Antike Götter, Juno und Mars

Bevor er dem Ruf nach Frankreich folgte, zeichnete Rosso Fiorentino eine Folge von zwanzig antiken Göttinnen und Göttern, die von Jacopo Caraglio gestochen wurden. Die Darstellung Saturns ist signiert und 1526 datiert. Wahrscheinlich sind auch die übrigen Blätter im selben Jahr entstanden. Die Stiche wurden unter Künstlern rasch populär und trugen dazu bei, in der Darstellung der antiken Götter relativ einheitliche Formen zu entwickeln. Zugleich belegen sie die Bedeutung, die der Druckgraphik nach 1500 für die europaweite Verbreitung von neuen Motiven und Stilen zukam. Die Folge erlebte mehrere Auflagen und wurde noch im 17. Jahrhundert von verschiedenen Stechern kopiert.

Rosso stellt die Göttinnen und Götter als Einzelfiguren dar. Sie stehen wie Statuen in Nischen, wirken dabei aber lebendig. Fast alle sind nackt oder fast nackt, und auffallend viele sind als Rückenfiguren dargestellt. Beides ist ein Beweis für den hohen Ausdruckswert, der dem menschlichen Körper jetzt zugesprochen wurde.

Juno ist als etwas matronenhafter Rückenakt dargestellt, allein mit dem Attribut des Pfaus. Der kleine Kopf und ihre kleinen Füße sind für den preziösen Stil Rossos kennzeichnend. Ein antikes Vorbild für die unbekleidete Juno gibt es nicht. Als einzige Göttin wurde Venus in der antiken Kunst nackt gezeigt, und auch in der Kunst der Neuzeit ist Juno meist sittsam bekleidet. Mars wird als forscher Krieger, nackt, aber mit Helm und Schild dargestellt. Er schreitet weit aus, dreht sich dabei heftig um und holt mit dem erhobenen Schwert zu einem kräftigen Hieb aus. Die Drehbewegung macht Mars zu einem Beispiel der *figura serpentinata*, eine charakteristische Darstellungsform des Manierismus. Bemerkenswert ist auch die Art, wie Rosso den cholerischen und aggressiven Mars durch die prägnante Zeichnung der Muskulatur charakterisiert.

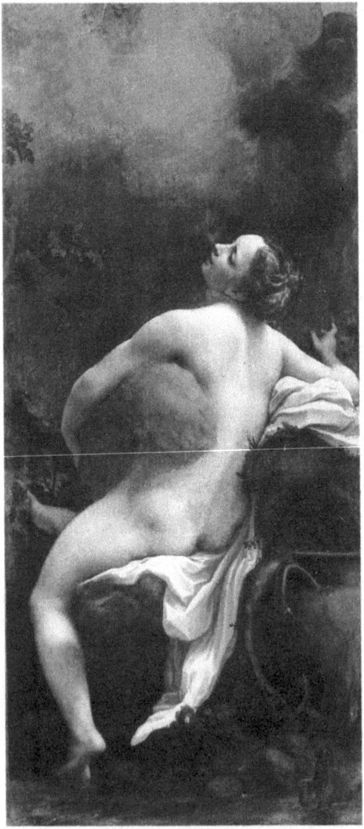

CORREGGIO: Jupiter und Io
Öl auf Leinwand, 1531
(Wien, Kunsthistorisches Museum)

Q: Hyginus, Fab.; Ovid, Met. I,583–600

Correggio: Jupiter und Io

Io war die Tochter eines Flussgottes. Entzückt von ihrer Schönheit, näherte sich Jupiter ihr mit einschmeichelnden Worten und verführte sie. Um der eifersüchtigen Juno den Seitensprung zu verbergen, ließ er eine Wolke die Szene umhüllen. Juno sah die Wolke, wurde misstrauisch und stieg auf die Erde nieder. Jupiter verwandelte Io daraufhin rasch in eine weiße Jungkuh, um Juno zu täuschen. Juno durchschaute aber die List und erbat sich die Färse als Geschenk. Um ihrem Misstrauen keine Nahrung zu geben, musste Jupiter der Bitte stattgeben. Juno gab Io in die Obhut des tausendäugigen Argus, der eine weitere Verbindung ihres Gatten mit ihr verhindern sollte.

Correggio stellt die Vereinigung von Jupiter und Io dar. Diese sitzt zurückgelehnt auf einem Stein, den Kopf nach hinten geworfen, die Augen geschlossen. Am Felsen steht ein großer Krug, darunter fließt ein Bach. In der Wolke, die Io wie in einer Umarmung umfasst, erscheint das Gesicht Jupiters, der sie küsst.

Bach und Krug spielen auf Ios Herkunft als Tochter eines Flussgottes an. Das Rind, dessen Kopf rechts unten im Bilde sichtbar wird, verweist, obwohl nicht weiß, wahrscheinlich auf Ios bevorstehendes Schicksal. Es trinkt aus dem Bach und scheint das Liebespaar überhaupt nicht zu sehen. Vielleicht will sein unbeteiligtes Verhalten daran erinnern, dass die Liebesszene im Verborgenen stattfindet.

Die Verführung Ios wird in der Malerei selten dargestellt. Ein Grund dafür dürfte die Verhüllung durch die Wolke sein, die die Szene eigentlich verdeckt. Correggios Gemälde ist Teil einer Folge von vier Darstellungen, die er für Herzog Federigo II. Gonzaga malte. Dieser wollte sie Kaiser Karl V. anlässlich seiner Krönung schenken. Die Gemälde haben die Liebesabenteuer Jupiters zum Thema. Sie zeichnen sich alle durch ihre betont sensuelle Darstellung aus. Keine andere zeigt aber die erotische Verzückung so offen wie diese.

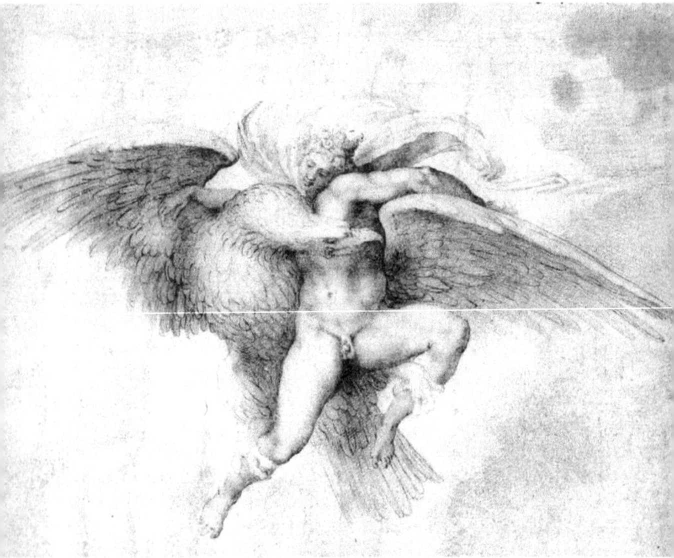

MICHELANGELO: Entführung des Ganymed
Kreide, 1533 (Windsor Castle, Royal Library)

Q: Hyginus, Fab.; Ovid, Met. X,160f.

Michelangelo: Entführung des Ganymed

Jupiters Lust auf die Kinder der Sterblichen machte auch nicht vor schönen Knaben halt. Vom Anblick des Hirten Ganymed entflammt, sandte er den Adler auf die Erde hinab, um ihn zu entführen. Ganymed wurde auf den Olymp gebracht und diente fortan – gegen den Willen Junos, wie Ovid bemerkt – den Göttern als Mundschenk.

Der Raub des Ganymed gehört zu den besonders häufig dargestellten Themen der antiken Mythologie. Es bot nicht nur die Gelegenheit, den jungen, schönen männlichen Körper, mit oder ohne homoerotischer Absicht, nackt darzustellen. Es konnte auch, christlich gedeutet, als Sinnbild für den Aufstieg der Seele zu Gott oder, wie hier wohl, im platonischen Sinne als Ausdruck göttlicher Schönheitsliebe verstanden werden.

Michelangelo hat das Blatt 1532 für den jungen römischen Edelmann Tommaso Cavalieri, mit dem ihn eine intensive platonische Liebe verband, gezeichnet. Ihm hatte er auch zahlreiche Gedichte gewidmet, die davon zeugen, wie stark Michelangelo vom Neuplatonismus geprägt war. Mit ihm hatte er sich schon in jungen Jahren in Florenz vertraut gemacht.

Ausgangspunkt für Michelangelo war wahrscheinlich nicht die kurze Erzählung Ovids, sondern eher einige Verse in Dantes *Purgatorio*, in denen die Entrückung der Seele mit der Entführung Ganymeds verglichen wird. Die platonische Deutung steht in keinem Widerspruch zur betont feinfühligen Darstellung der Szene, da die sinnliche Schönheit als Ausdruck des Göttlichen verstanden wurde. Der Adler – hier wohl als Jupiter selbst zu verstehen – fasst den Knaben an beiden Unterschenkeln, wodurch Bauch und Oberschenkel stark betont werden. Ganymed lehnt sich voller Hingabe an den Vogel und blickt ihn zärtlich an. Die sorgfältige Ausführung mit der weichen Kreide unterstreicht die Funktion des Blattes als Freundschaftsgabe.

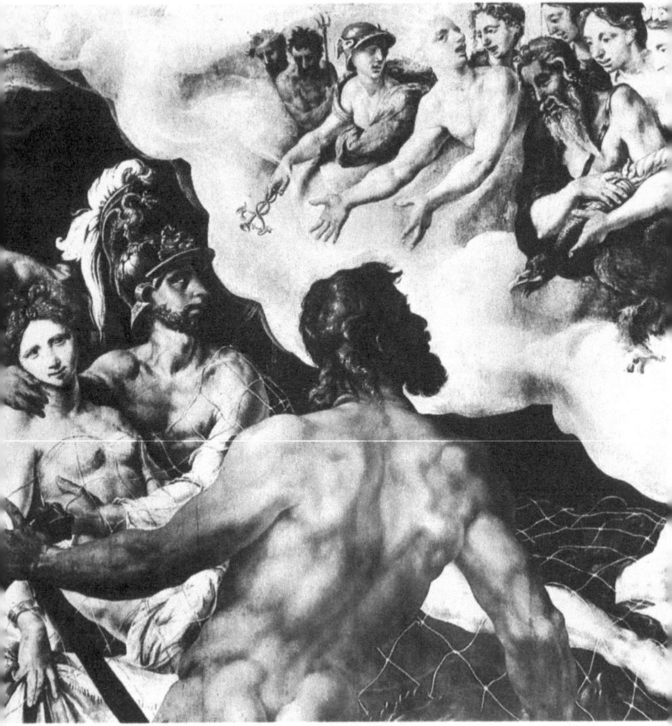

MAERTEN VAN HEEMSKERK: Vulkan zeigt den Göttern
die im Netz gefangenen Mars und Venus
Öl auf Holz, um 1540
(Wien, Kunsthistorisches Museum)

Q: Hyginus, Fab.; Ovid, Met. IV,169–189

Maerten van Heemskerk: Vulkan zeigt den Göttern die im Netz gefangenen Mars und Venus

Als Apoll den Ehebruch der Venus mit Mars ihrem Gatten Vulkan verraten hatte, fertigte dieser ein Netz aus Metall und spannte es so sinnreich über das Ehebett, dass es bei der leichtesten Bewegung herunterfiel und diejenigen, die sich im Bett befanden, fesselte. Venus und Mars gingen in diese Falle, und Vulkan rief den ganzen Olymp als Zeugen für den Ehebruch herbei. Beim Anblick des gefangenen Liebespaares brachen die Götter in Gelächter aus.

Diese Szene stellt Heemskerk dar. Im Vordergrund sehen wir Vulkan vor dem Bett mit dem gefesselten nackten Paar, Mars hat sogar den Helm aufbehalten. Im oberen Teil des Bildes erscheinen die Götter, angeführt von Apoll, der eifrig auf die Liebenden zeigt. Neben ihm ist Jupiter mit den Blitzen und dem Adler, auf der anderen Seite Merkur zu sehen.

Im Gegensatz zu vielen Darstellungen des Themas ist Vulkan hier nicht der lächerliche, gehörnte Ehemann. Vielmehr gibt er mit rechtmäßigem Zorn seine untreue Gattin und ihren Liebhaber dem Spott der Götter preis. Auf der Rückseite des Gemäldes findet sich eine Darstellung, die einen weiteren Schlüssel zur Interpretation der Szene gibt. Zu sehen sind dort die Tugenden Prudentia und Justitia. Damit lässt sich die Darstellung als Tugendallegorie verstehen. Durch die Klugheit Vulkans trifft die Ehebrecher die gerechte Strafe.

Heemskerk war einer der ersten holländischen Künstler, der nach Italien reiste und sich mit der Kunst der Renaissance und der Antike auseinandersetzte. Die Rückenfigur Vulkans ist nach dem Vorbild der antiken Laokoongruppe gemalt worden. Das Gemälde gehörte ursprünglich vermutlich zu einem Triptychon. Die etwas merkwürdig anmutende Komposition erklärt sich daher, dass das Gemälde unten um etwa ein Drittel beschnitten worden ist.

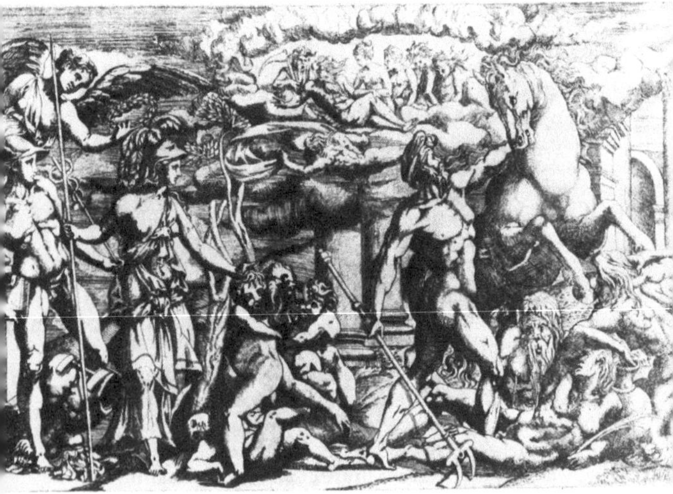

ANTONIO FANTUZZI nach ROSSO FIORENTINO:
Minerva und Neptun
Radierung, um 1540–45

Q: Apollodorus III,14,1; Ovid, Met. VI,70–82

Antonio Fantuzzi nach Rosso Fiorentino: Minerva und Neptun

Der Sage nach wetteiferten Athena und Poseidon um das Recht, der Stadt Athen den Namen zu geben. Poseidon stieß den Dreizack in den Felsen der Akropolis und ein Pferd sprang hervor. Nach einer anderen Überlieferung sprudelte eine salzige Quelle hervor. Athena stieß ihre Lanze in den Boden und aus dem Loch wuchs ein Olivenbaum empor. Zur Siegerin erklärt, ist sie seitdem die Schutzgöttin Athens. Diese Szene war auf dem Westgiebel des Parthenon dargestellt. Auf dem vermuteten Platz des Wettstreits wurde der Erechteiontempel errichtet.

Links sehen wir Athena, begleitet von Hermes, der außer seinem Stab ein Buch in der Hand hält und damit als Gott der Weisheit zu verstehen ist. Mit ihrer linken Hand umfasst Athena den Olivenbaum. Die Siegesgöttin Nike schwebt herbei, um ihr den Siegerkranz aufzusetzen. An den Olivenbaum angelehnt sitzt eine mit einer Stadtmauerkrone gekrönte Frau, die Personifikation Athens, an die sich drei Kinder klammern. Vielleicht suchen sie Schutz vor dem wilden Treiben auf der rechten Bildhälfte. Dort versucht Poseidon, das sich wild aufbäumende Pferd zu bändigen. Ein Triton und zwei Quellgötter – eine Anspielung auf die Salzquelle – hocken auf dem Boden. Aus einer Wolke beobachten die Götter den Wettkampf.

Die Komposition betont den Gegensatz von klarer Ordnung in der linken und bewegter Unordnung in der rechten Bildhälfte. Athena und Hermes stehen für den Sieg der Kultur und des Intellekts über die ungezügelten Kräfte der Natur. Darin kommt ein Leitmotiv der französischen Kultur zum Ausdruck, das diese seit der Renaissance geprägt hat. Rosso Fiorentino, der die Vorlage für die Szene schuf, war der führende unter den italienischen Künstlern, die unter König Franz I. Fontainebleau zu einem Zentrum des europäischen Manierismus machten.

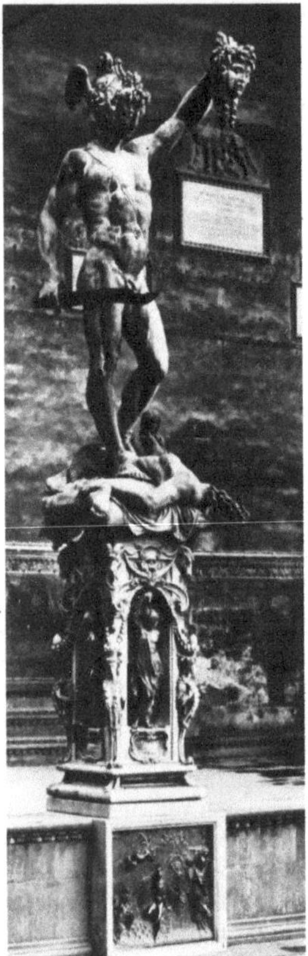

Benvenuto Cellini: Perseus
Bronze, 1545–54 (Florenz, Loggia dei Lanzi)

Q: Hyginus, Fab.; Ovid, Met. IV,770–786

Cellini erhielt den Auftrag für diese Skulptur, als er im Sommer 1545 aus Frankreich in seine Geburtsstadt Florenz zurückkehrte und Herzog Cosimo I. de' Medici seine Dienste anbot. Mit dem Entschluss, die Skulptur in Bronze auszuführen, griff er auf ein Material zurück, das seit der Blüte in der Frührenaissance fast in Vergessenheit geraten war. Entsprechend riskant war die technische Ausführung. Wie schwierig sich der Guss gestaltete, erfahren wir aus Cellinis Selbstbiographie. Formal orientierte Cellini sich an Donatellos Bronzegruppe *Judith und Holofernes*, als deren Gegenstück *Perseus* vorgesehen war.

Perseus steht in Siegerpose auf dem leblosen Körper der Medusa und hebt ihren abgeschlagenen Kopf in die Höhe. In der rechten Hand hält er das Schwert. Perseus war von Minerva beauftragt worden, die schöne, aber gefährliche Medusa zu töten, da ihr Blick alles in Stein verwandelte. Ausgestattet mit Flügeln und Schwert, die ihm Merkur gegebenen hatte, und mit dem spiegelblanken Schild Minervas, das den tödlichen Blick abwendete, besiegte Perseus Medusa und schlug ihr den Kopf ab. Aus ihrem Blut sprang Pegasus hervor.

Die Statue des Perseus ist politisch motiviert. Sie repräsentiert den Herzog, dessen Aufstieg zur Macht als Befreiung des Staates vor der Bedrohung durch böse Mächte stilisiert wurde. Wenn Perseus hier den Kopf der Medusa so demonstrativ hochhält, mag darin auch symbolisch die Abwehr der Feinde gemeint sein. Die Geburt des Pegasus aus dem Blut der Medusa könnte wiederum auf die kulturelle Blüte der Stadt unter der Herrschaft der Medici anspielen.

In einem Relief am Sockel hat Cellini eine weitere Heldentat des Perseus, die Befreiung Andromedas, dargestellt. Vier Statuetten in den Nischen des Sockels ergänzen die Erzählung: Sie stellen seine Eltern Jupiter und Danaë sowie Minerva und Merkur dar.

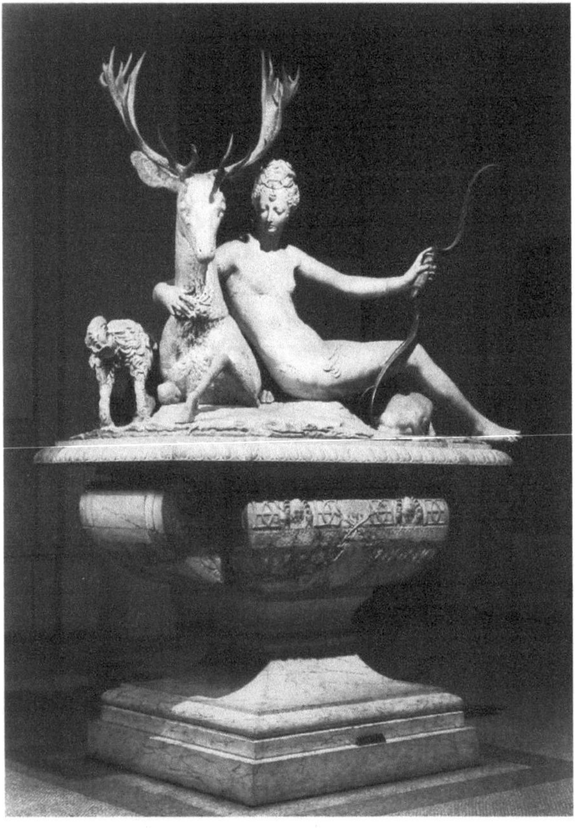

Werkstatt von JEAN GOUJON: Diana von Anet
Marmor, 1545–50 (Paris, Louvre)

Q: Ovid, Met. III,150–167

Werkstatt von JEAN GOUJON: Diana von Anet

In der antiken Überlieferung wird Diana als kühne Jägerin dargestellt. Sie war stolz, streng und keusch, Liebesabenteuer werden mit ihr nicht in Verbindung gebracht. Diana wird aber auch mit der Mondgöttin Semele identifiziert, in Analogie zu ihrem Zwillingsbruder Apoll, dem Sonnengott. In dieser Rolle kommt ihr ein weniger strenger Charakter zu und der Liebe gegenüber zeigt sie sich empfänglich.

Die Skulptur stellt sie als Göttin der Jagd dar. Umgeben von ihren Hunden, legt sie den Arm um den Hals eines stattlichen Hirsches. In der anderen Hand hält sie ihren Bogen. Fast knabenhaft schlank, ist ihr Profil klassisch edel, die Haare sind zu einer kunstvollen Frisur hochgesteckt. In Kontrast zu ihrer nahezu abstrakt wirkenden Schönheit steht der Naturalismus der Tiere. Ihr Fell ist zottlig und rau, der Hirsch trägt ein echtes Geweih, das allerdings eine verfremdende Vergoldung erhalten hat. Der Jagdbogen ist aus Metall und wirkt ebenfalls realistisch.

Die Skulptur ruht auf einem preziös gestalteten, katafalkähnlichen Marmorpostament, an dem friesartig angeordnet das verschlungene Monogramm DHD zu lesen ist. Es spielt auf die Schlossherrin Diane de Poitiers und König Heinrich II. an. Diane war die Mätresse des Königs. Ihr Name legte es nahe, sie mit der Göttin Diana zu vergleichen, obwohl die Identifikation der königlichen Mätresse mit der keuschen Jägerin befremdlich wirken mag. Nach ihr haben sich viele französische Königinnen in der Rolle als Diana darstellen lassen. Der Hirsch galt seit Franz I. als ein Symbol des französischen Königs.

Das von Philibert de l'Orme errichtete, westlich von Paris gelegene Schloss von Anet wurde zum Sitz der Göttin Diana stilisiert. Die Skulptur stand ursprünglich auf einem Springbrunnen in einem Hof des Schlosses, und das Torhaus schmückt heute noch die Skulpturengruppe eines Hirsches, der von Hunden gestellt wird.

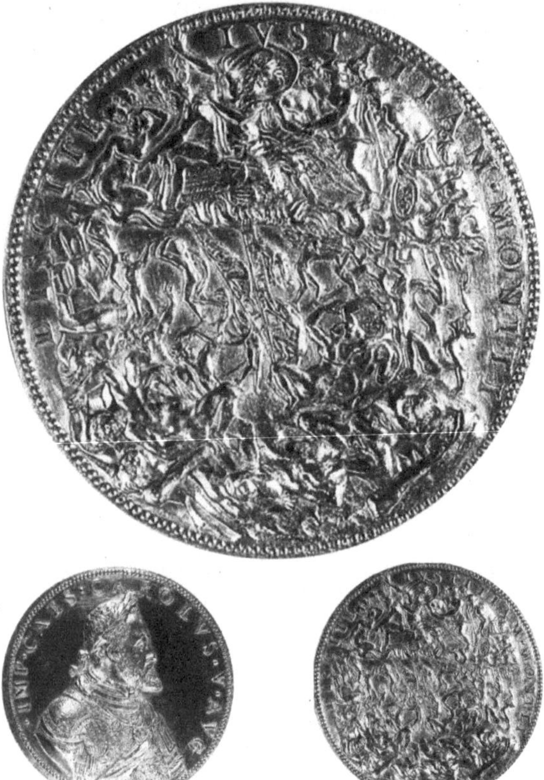

LEONE LEONI: Sturz der Giganten
auf einer Medaille Karls V., 1549

Q: Apollodorus I,2,1; Hesiod, Theogonie, 687–720;
Ovid, Met. I,127–312

Leone Leoni: Sturz der Giganten

Die Giganten waren das erste Menschengeschlecht auf Erden. Mit ihnen begann das eiserne Zeitalter, in dem das Leben von rücksichtsloser Gier nach Eigentum und Macht, von Mord und Streit geprägt war. Schließlich forderten die Giganten auch die Macht der Götter heraus. Jupiter berief die Götterversammlung ein und beschloss, die Giganten zu vernichten. Erst griff er sie mit seinen Blitzen an, dann ließ er sie in einer fürchterlichen Sintflut ertrinken.

Auf der Medaille ist im oberen Teil den Götterrat mit Jupiter in der Mitte zu sehen, umgeben von Herkules, Venus, Juno, Merkur, Mars und Diana. Giganten türmen Felsblöcke auf und klettern Leitern hinauf, um die Götter anzugreifen. Unter der Gegenwehr Jupiters stürzen viele herab, andere liegen bereits erschlagen am Boden. Auf das Motiv der Sintflut hat der Künstler verzichtet.

Die Darstellung befindet sich auf der Rückseite einer Medaille mit dem Porträt Kaiser Karls V., die 1549 im Auftrag des Kaisers gegossen wurde. Das Motiv des Gigantensturzes spielt hier auf die Schlacht von Mühlberg 1547 an, in der die Kaiserlichen Truppen die aufständischen Protestanten besiegten. Das Motiv war aber schon früher Teil der kaiserlichen Propaganda, und schon Ovid, auf den sich wahrscheinlich Leoni bezog, setzte das Motiv in Beziehung zur politischen Situation seiner Zeit und zu Kaiser Augustus. Damit ist die vorliegende Medaille ein gutes Beispiel dafür, wie diese Ikonographie für die politische Propaganda in Dienst genommen wurde.

Leone Leoni war einer der bedeutendsten Bronzeplastiker seiner Zeit und gehörte zu den von Karl V. bevorzugten Künstlern. Er hat zahlreiche Medaillen und auch überlebensgroße Porträts des Kaisers und anderer Mitglieder der kaiserlichen Familie angefertigt. Nach seinem Tod setzte sein Sohn Pompeo die Tätigkeit für den spanischen Hof fort.

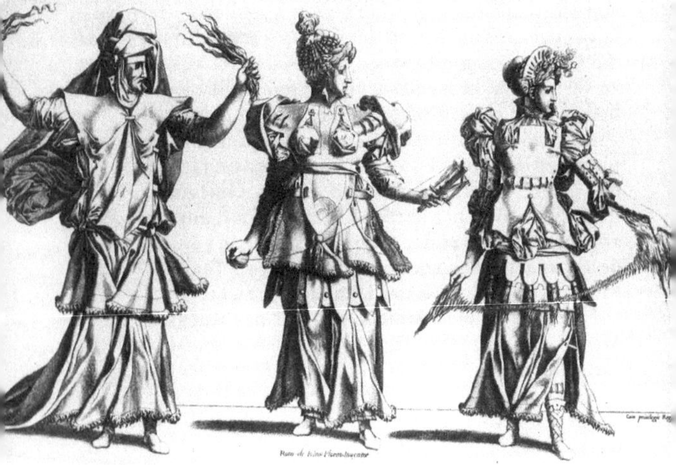

PIETRO DA MILANO nach ROSSO FIORENTINO:
Die drei Parzen
Kupferstich, um 1550

Pietro da Milano nach Rosso Fiorentino: Die drei Parzen

Die Parzen waren Schicksalsgöttinnen, denen die Macht über Leben und Tod der Menschen gegeben war. Hesiod nennt sie Clotho, Lachesis und Atropos. Clotho spinnt den Lebensfaden, Lachesis streckt ihn und misst die Länge des Lebens, Atropos schneidet den Faden durch und setzt dem Leben ein Ende.

Die Identifikation der drei Gestalten erschließt sich wie folgt. Die Figur in der Mitte, die Garnwinde und Garnknäuel in den Händen hält, ist wahrscheinlich Lachesis, die die Länge des Lebensfadens misst. Die Figur links, die die Wolle auseinander gerissen zu haben scheint, dürfte Atropos sein. Dafür spricht auch, dass sie die älteste der drei Göttinnen ist und ein ausgesprochen düsteres Aussehen hat. Die rechte Figur, die gleichzeitig die jüngste ist, müsste dann Clotho sein, die hier die Wolle zum Spinnen auseinander zieht und für den Beginn des Lebens steht.

Der Stich zeigt die Parzen mit Gesichtsmasken und in theatralischer Verkleidung. Es handelt sich um Kostümentwürfe für einen Maskenball, der im höfischen Leben der Zeit eine so große Rolle spielt. Für den Stil der Schule von Fontainebleau besonders typisch sind die aus einem steifen Material gemachten Westen und Leibchen, aus deren Schlitzen und Öffnungen die bauschigen Hemden hervorquellen. Sie geben den Figuren einen bewusst gekünstelten, ornamentalen Charakter, der an die Ornamentik der gleichzeitig entstandenen Raumdekorationen erinnert.

Rosso Fiorentino war in den Anfangsjahren, ab 1531, der führende Künstler der Schule von Fontainebleau. Nach seinen Entwürfen wurde die berühmte Galerie Franz' I. gestaltet. Über den Stecher Pietro da Milano ist wenig bekannt. Er arbeitete hauptsächlich nach Vorlagen der Hofkünstler, scheint aber überwiegend in Paris als freier Künstler und nicht am Hofe tätig gewesen zu sein.

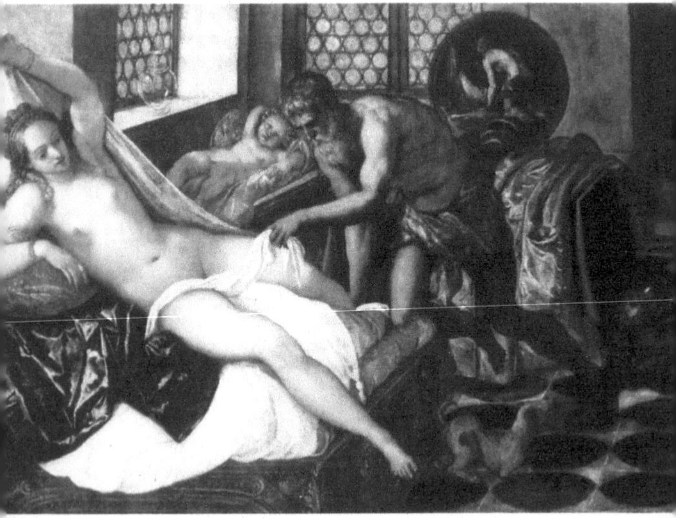

Jacopo Robusti, gen. Tintoretto:
Venus, Vulkan und Mars
Öl auf Leinwand, 1550
(München, Alte Pinakothek)

Jacopo Robusti, gen. Tintoretto: Venus, Vulkan und Mars

Venus, die Göttin der Schönheit und der Liebe, war die Gattin des Vulkan. Von Beruf her Schmied, wird er in der Kunst meist als ein etwas zotteliger, alter Mann dargestellt, der auf einem Bein lahmt. Das ungleiche Paar belustigte schon die Antike, und Venus wurde ein Verhältnis mit dem Kriegsgott Mars angedichtet. Venus' Untreue und Vulkans Eifersucht regten viele Künstler der Renaissance und des Barock zu oft zweideutig humoristischen Darstellungen an.

Tintoretto hat eine Episode gewählt, die in der literarischen Überlieferung nicht vorkommt. Vulkan besucht überraschend Venus, die Mars gerade empfangen hat. Dieser hat sich unter dem Tisch versteckt, während Amor sich scheinheilig schlafend stellt. Von Vulkan unbeachtet, bellt der kleine Hund Mars an. Venus liegt auf einem üppigen Bett. Mit ihrer linken Hand will sie ihre Nacktheit verhüllen, wobei ihre Geste für den Betrachter eher enthüllend wirkt und ihre Nacktheit noch unterstreicht. Der misstrauische Gatte beugt sich über sie und entblößt sie ganz, als suchte er nach einem Beweis für den Besuch des Rivalen. Im Hintergrund erblicken wir in einem runden Spiegel die Szene in der Rückenansicht

Entscheidend für die dynamische Wirkung der Komposition sind der hoch gelegte Fluchtpunkt der Perspektive und die diagonale Anordnung der Personen. Vulkan kommt aus der Tiefe des Raumes hervor, während Venus in ihrer abwehrenden Haltung an den Bildrand gedrängt wird. Ein weiches Licht fällt durch die Butzenscheiben der Fenster und modelliert die nackten Körper, Venus hell und zart, Vulkan muskulös und mit dunklerer Haut.

Das Gemälde ist ein Beispiel für eine novellistische Beschäftigung mit dem mythologischen Stoff, bei der die Unterhaltung und nicht eine moralische oder symbolische Botschaft im Vordergrund steht.

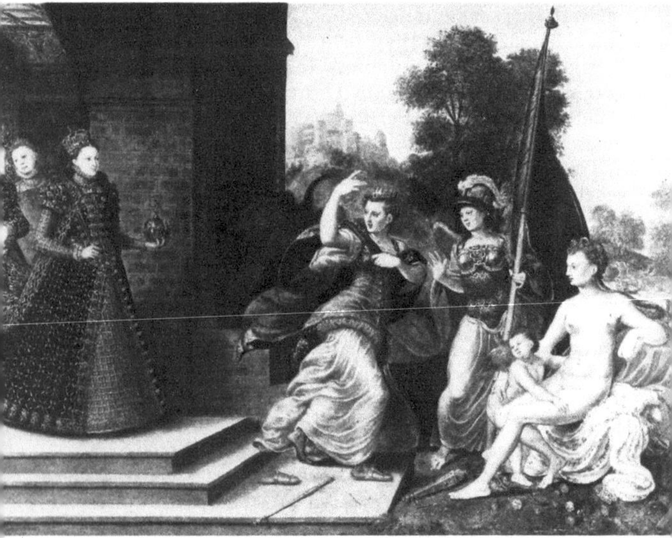

UNBEKANNTER MEISTER:
Königin Elisabeth I. von England
und das Urteil des Paris
Öl auf Holz, 1569 (Hampton Court)

Q: Apollodorus III,12; Epitome III,2–3;
Hyginus, Fab. 92

UNBEKANNTER MEISTER: Königin Elisabeth I. von England und das Urteil des Paris

Gefolgt von zwei Hofdamen tritt die Königin auf die Terrasse. Dort erwarten sie die drei Göttinnen Juno, Minerva und Venus. Elisabeth ist bekrönt und mit Szepter und Reichsapfel in den Händen dargestellt. Im Vergleich zu den Hofdamen und den Göttinnen erscheint sie puppenhaft steif und unbeweglich, ein malerisches Mittel, um der Würde der Königin bildhaften Ausdruck zu verleihen, von dem die Maler am Hofe Elisabeths extensiven Gebrauch machten.

Juno scheint vor dem Anblick der Königin zurückzuschrecken: Sie dreht sich hastig um, so dass sie den Pantoffel verliert und ihr Szepter auf den Boden fallen lässt. Minerva reagiert gefasster, hebt aber vor Staunen und Bewunderung die Hand, während Venus gelassen sitzen bleibt. Amor hat aber seinen Köcher fallen lassen und sucht bei ihr Schutz.

Die Botschaft des Bildes ist unmissverständlich. Es spielt auf das Parisurteil an. Die drei Göttinnen müssen alle vor Elisabeth zurückstehen; ihr allein gebührt der Preis, sie ist die schönste von allen, und sie trägt ja auch bereits als Zeichen ihres Sieges den Apfel in der Hand! So ist diese Darstellung ein interessantes und originelles Beispiel dafür, wie die antike Mythologie in den Dienst der fürstlichen Panegyrik gestellt werden konnte. Sie zeigt auch, wie präsent antike Themen in der Frühen Neuzeit waren. Künstler und Auftraggeber konnten damit rechnen, dass die Anspielung auf antike Mythen verstanden wurde. Vermutlich wurde dieses Gemälde von einem Höfling in Auftrag gegeben, um es der Königin als Zeichen seiner Zuneigung zu schenken.

Der Künstler ist unbekannt. Aus stilistischen Gründen vermutet man, dass er zum Kreis des Antwerpener Malers Frans Floris gehörte. Zahlreiche niederländische Künstler waren im späten 16. Jh. an fast allen Höfen Europas tätig.

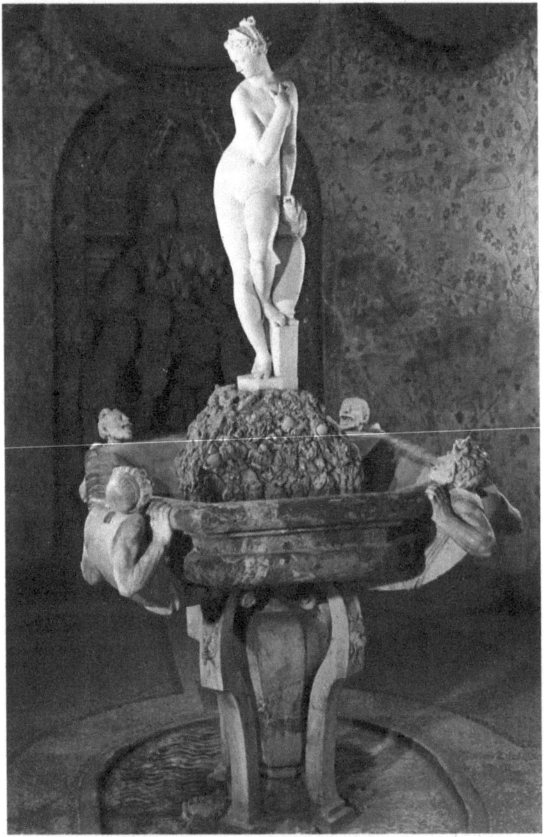

Bernardo Buontalenti und Giovanni Bologna:
Venus in der Grotticella
Marmor, 1570–75 (Florenz, Boboli-Garten)

BERNARDO BUONTALENTI und GIOVANNI BOLOGNA: Venus in der Grotticella

Der Brunnen befindet sich in der großen Grotte am Eingang des Boboli-Gartens in Florenz, die Anfang der 1570er Jahre von Buontalenti gestaltet wurde. Neben den vier *Sklaven* von Michelangelo verwendete der Künstler auch eine Skulptur von Giovanni Bologna, eine Frauenfigur, die in der Mitte der Brunnenschale auf einem künstlichen, mit Muscheln verzierten Felsen steht. Sie scheint sich zum Baden bereit zu machen oder ist gerade dem Bade entstiegen. Vier Satyrn, die sich am Schalenrand hochziehen, bedrängen sie, während sie sich vor ihren Blicken und vor den Wasserstrahlen, die aus ihren Mündern schießen, zu schützen scheint. Die Skulptur ist ein Paradebeispiel einer eleganten *figura serpentinata.* Sie beschreibt im Stehen eine Spiralbewegung. Zugleich machen die Satyrn, die sie von allen Seiten anstarren, in spielerischer Weise darauf aufmerksam, dass sie von allen Seiten gleich schön ist.

Ob es sich dabei um Venus oder um eine schöne Nymphe handelt, bleibt unerheblich. Thema der Inszenierung ist die Konfrontation der kunstvollen, keusch anmutenden Frauenfigur mit den triebhaften Satyrn. Die Grotte, deren Nischen und Gewölbe mit Tropfsteinen und Muscheln geschmückt ist und deren Mauern mit Fresken von luftigem Blattwerk bedeckt sind, ist eine Metapher für die Natur schlechthin. Die Satyrn, deren muskulöse Schultern und derbe Gesichter vor Vitalität strotzen, sind in Wirklichkeit Hermen; sie haben keine Beine, sondern enden in spangenartigen Klammern, die die Brunnenschale halten.

Das Spiel mit den Bedeutungsebenen ist charakteristisch für die Gartengrotten der Renaissance. Wie ihre antiken Vorläufer, die Nymphäen, sind sie Orte der Natur, wo die Nymphen und Satyrn zu Hause sind. Wer in die Grotte hinabsteigt, tritt, wenn auch nur im Spiel, in Berührung mit der Welt der Mythen.

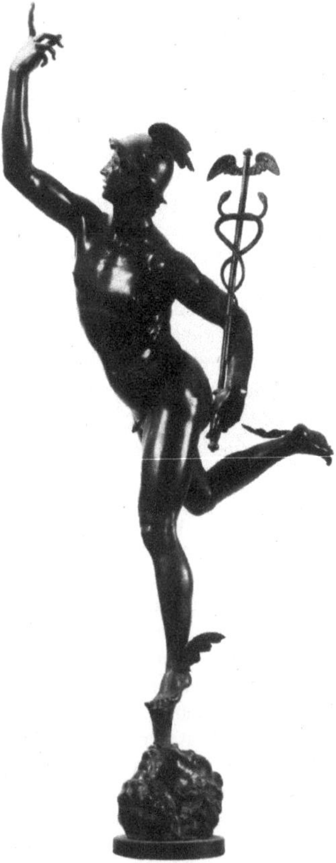

GIOVANNI BOLOGNA (GIAMBOLOGNA): Merkur
Bronze, um 1580 (Florenz, Bargello)

Q: Apollodorus III,10,2

Giovanni Bologna: Merkur

Diese Skulptur dürfte die bekannteste neuzeitliche Gestaltung eines antiken Gottes sein. Mehr als alle antiken Vorgängerinnen scheint sie die Vorstellung vom flinken und verschlagenen Merkur zu verkörpern. Mehrere eigenhändige Fassungen in unterschiedlicher Größe sind von der Komposition bekannt; darüber hinaus sind unzählige Kopien entstanden.

Giovanni Bologna stellt Merkur nackt und wie im Laufschritt fliegend dar. Sein Attribut, den Stab mit den beiden Schlangen, hält Merkur in der linken Hand. Am Hut und an den Füßen trägt er Flügel. Ein antikes Vorbild ist nicht bekannt. Die Plastik war bekrönender Abschluss eines Brunnens im Garten der Villa Medici in Rom. Erst in diesem Kontext wird die Kühnheit der Komposition deutlich. Merkur stützt den Fuß auf einen Luftstrahl, der aus dem Mund eines Windgottes strömt. War der Brunnen in Betrieb, spritzte Wasser aus dem perforierten Stück, was den Eindruck erweckte, als schwebte Merkur ohne Stütze frei dahin.

Merkur war der Sohn Jupiters. Nach der Geburt machte er sich davon, tötete eine Schildkröte und baute aus ihrem Panzer ein Musikinstrument, die erste Leier. Als er fünfzig von Apolls Rindern stahl, stellte dieser ihn zur Rede. Daraufhin bot Merkur ihm seine Leier als Wiedergutmachung an. Im Gegenzug schenkte Apoll ihm einen Zauberstab. Als er damit zwei mit einander kämpfende Schlangen trennen wollte, erstarrten sie am Stab. Seitdem spricht man dem Stab Merkurs, dem *Caduceus*, Frieden stiftende Kraft zu.

Die ersten Entwürfe für den *Merkur* schuf Giovanni Bologna im Zusammenhang mit einem anderen Projekt. Für den Hof der Universität zu Bologna war eine Merkurstatue geplant, die vom Himmel herabsteigen sollte. Grundlage dieser Idee war, dass Merkur in der Antike für Vernunft und Wahrheit stand. Die Statue sollte daran erinnern, dass die Weisheit vom Himmel komme und ein Geschenk Gottes sei.

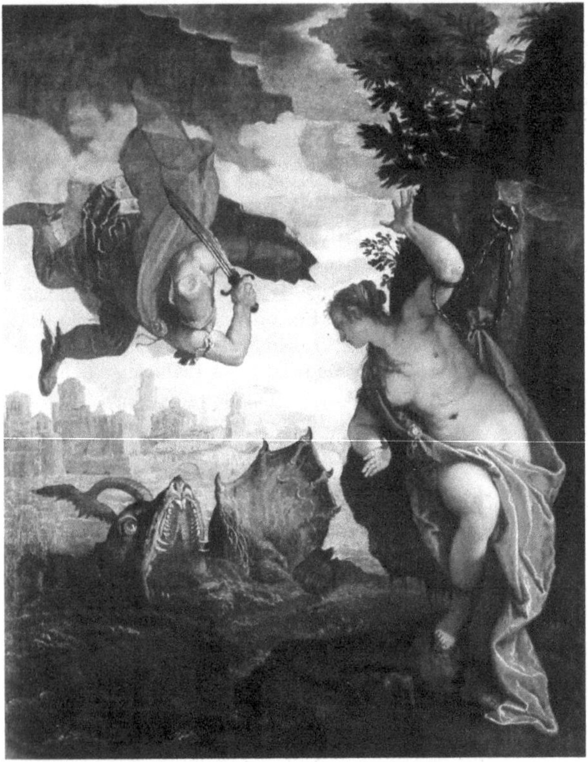

Paolo Caliari, gen. Veronese: Perseus befreit Andromeda
Öl auf Leinwand, 1583 (Rennes, Musée des Beaux-Arts)

Q: Apollodorus II,4,3; Ovid, Met. IV, 670–740

Paolo Caliari, gen. Veronese: Perseus befreit Andromeda

Nach seinem Sieg über die Medusa befreite Perseus die schöne Andromeda, die an einen Felsen im Meer gefesselt war. Sie sollte einem Seeungeheuer geopfert werden, um den Hochmut ihrer Mutter zu sühnen. Perseus versprach, das Ungeheuer zu töten, wenn er Andromeda zur Braut bekam. Er rettete sie nach einem wilden Kampf, den Ovid lebhaft beschreibt, und führte sie zu ihren Eltern zurück, die ihn als ihren Schwiegersohn freudig begrüßten.

Veronese zeigt, wie Perseus auf das Ungeheuer hinabstürzt und mit dem Schwert zum Hieb ausholt. Andromeda weicht erschrocken vor dem Ungeheuer zurück und scheint den Retter noch nicht entdeckt zu haben. Durch ihre Bewegung gleitet der Umhang von ihrer Schulter ab und entblößt ihren makellos schönen Körper.

Perseus' Kampf mit dem Seeungeheuer gehört zu den besonders häufig dargestellten Episoden der antiken Mythologie. Sie bot den Künstlern reichlich Gelegenheit, weibliche Schönheit in einer Situation zu zeigen, in der erotischer Reiz, mit tödlicher Bedrohung und Gewalt vermengt, effektvoll zur Schau gestellt werden konnte.

Veronese war neben Tizian und Tintoretto der bedeutendste Maler des 16. Jh.s in Venedig. Seine Gemälde sind meist vom reichen Kostüm der Figuren und von raffiniertem Kolorit geprägt; Aktdarstellungen wie diese, die von einer Auseinandersetzung mit der Kunst Michelangelos zeugen, sind dagegen in seiner Kunst recht selten. In seinem Œuvre nehmen religiöse Themen und Porträts den größten Platz ein. Veronese malte aber auch zahlreiche Allegorien, z. B. für den Dogenpalast, in denen Gestalten aus der antiken Mythologie eine wichtige Rolle spielen. Von seinen wenigen rein mythologischen Darstellungen waren, nach den vielen Repliken zu urteilen, *Europa und der Stier* und *Venus und Adonis* besonders beliebt.

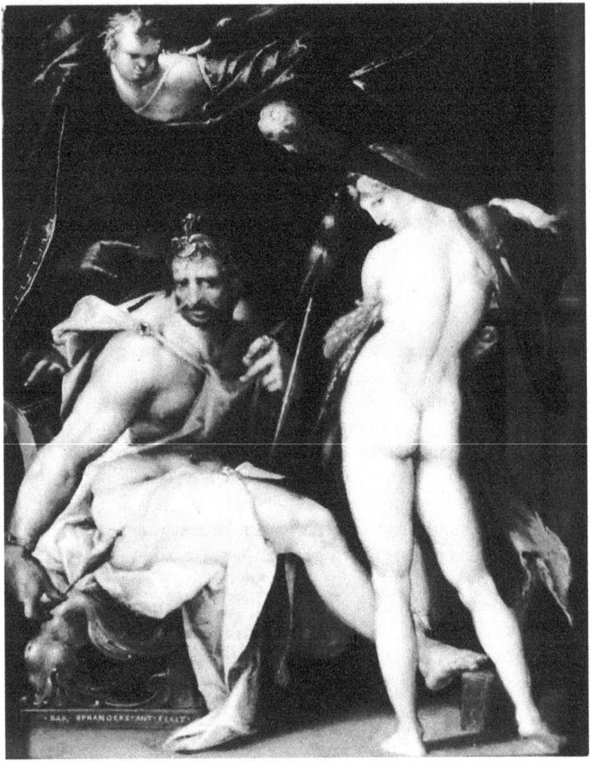

BARTHOLOMÄUS SPRANGER: Herkules bei Omphale
Öl auf Kupfer, um 1585 (Wien, Kunsthistorisches Museum)

Q: Apollodorus, II,6,2–3; Hyginus, Fab. 32;
Lukian, Dialoge der Götter 13; Ovid, Heroiden IX,54 ff.

Bartholomäus Spranger: Herkules bei Omphale

Nachdem Herkules die zwölf Großtaten vollbracht und damit seinen Frondienst bei Eurystheus beendet hatte, dauerte es nicht lange, bevor er wieder, in einem Anfall von Raserei, unschuldiges Blut vergoss. Zur Strafe musste er jetzt der lydischen Königin Omphale drei Jahre als Sklave dienen. Die bildende Kunst setzt diese Szene oft in eine pikante Darstellung der Weibermacht um. Dieser Tradition folgt auch Bartholomäus Spranger, der die erotischen Aspekte des Themas stark betont. Die verführerische nackte Omphale dreht dem Betrachter ihren makellosen Rücken zu und blickt ihn kokett über die Schulter an. Sie hält das Löwenfell des Herkules vor der Brust und schultert triumphierend dessen große Keule. Herkules sitzt auf einem niedrigen Schemel vor ihr. Er trägt Frauenkleider und ist mit Spinnen, der klischeehaften Tätigkeit von Frauen, beschäftigt. Der Helm auf seinem Kopf verstärkt das Lächerliche seiner Situation. Mit schrägem Blick schaut er gleichermaßen gedemütigt und lüstern auf Omphale. Ein Putto zieht einen schweren Vorhang zur Seite und »enthüllt« die Szene. Hinter Herkules, im Schatten des Vorhangs kaum zu sehen, erscheint das grinsende Gesicht eines Narren, der mit einer unübersehbaren Geste seiner rechten Hand Herkules als Hahnrei verspottet, während er mit seiner Linken eine sexuelle Beziehung der beiden andeutet.

Das Gemälde wurde für Kaiser Rudolf II. in Prag gemalt, bei dem der Niederländer Spranger als Hofkünstler tätig war. Es handelt sich dabei um ein typisches Kabinettstück von kleinem Format. Die äußerst feine Malerei bringt die sinnlichen Qualitäten von Haut und Stoffen effektvoll zur Geltung. Spranger hat zahlreiche mythologische Szenen für den Kaiser gemalt, in denen stets die erotischen Aspekte der Themen stark betont werden.

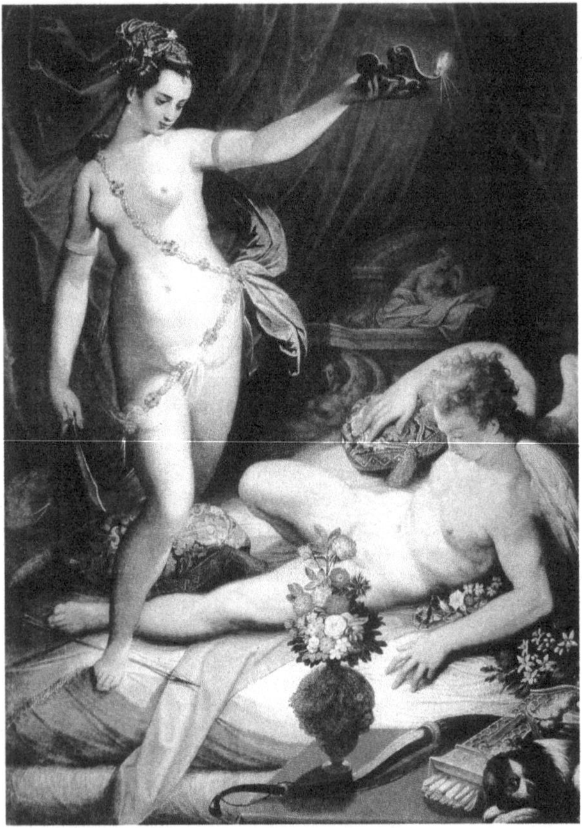

Jacopo Zucchi: Amor und Psyche
Öl auf Leinwand, 1589 (Rom, Galleria Borghese)

Q: Apuleius, Metamorphoses V,20–24

JACOPO ZUCCHI: Amor und Psyche

Psyche weckte wegen ihrer Schönheit sogar den Neid der Venus. Die Göttin befahl deshalb Amor, Psyche zu strafen und in ihr die Liebe zu einem unwürdigen Mann zu erwecken. Als aber Amor Psyche sah, verliebte er sich selbst in sie und ließ sie zu seinem Palast führen. Dort besuchte er sie, aber nur des Nachts, und er verbot ihr, ihn anzublicken. Psyches missgünstige Schwestern schürten in ihr den Argwohn, dass ihr Geliebter in Wirklichkeit ein Ungeheuer wäre. Als Amor schlief, zündete sie eines Nachts eine Lampe an, um ihn zu sehen. Ein heißer Öltropfen fiel herunter und weckte ihn – worauf er sie erzürnt verließ. Psyche musste nun einen langen, von Prüfungen und Leiden gesäumten Weg bestehen, ehe sich Venus mit ihr versöhnte und sie sich mit Amor vereinen konnte.

Diese von Apuleios erzählte Sage gehört zu den besonders beliebten antiken Stoffen. Raffael hat sie in der Villa Farnesina in Rom dargestellt; ein weiterer Zyklus von Giulio Romano befindet sich in Palazzo del Tè in Mantua.

Jacopo Zucchi stellt den Augenblick dar, als Psyche auf dem luxuriösen Bett steht und mit weit ausholender Geste die Öllampe über den noch schlafenden Amor hält. Das Verhältnis der beiden Gestalten bestimmt eine preziöse Choreographie, die zusammen mit formalen Zitaten nach Michelangelo und Raffael deutlich macht, dass Zucchi zu den führenden Florentiner Manieristen gehörte.

Psyches nackter Körper ist mit außergewöhnlichem Schmuck behängt, in ihre kunstvolle Frisur sind Perlen und Edelsteine eingeflochten. Schräg über Brust und Hüften trägt sie eine lange, ebenfalls mit Perlen und Edelsteinen besetzte Kette, die gerade noch ihre Scham bedeckt. In der rechten Hand hält sie ein Schwert, um das vermeintliche Ungeheuer damit zu töten. In Bezug auf Psyches erotische Erscheinung verleiht die Waffe der Szene eine unheimliche Note.

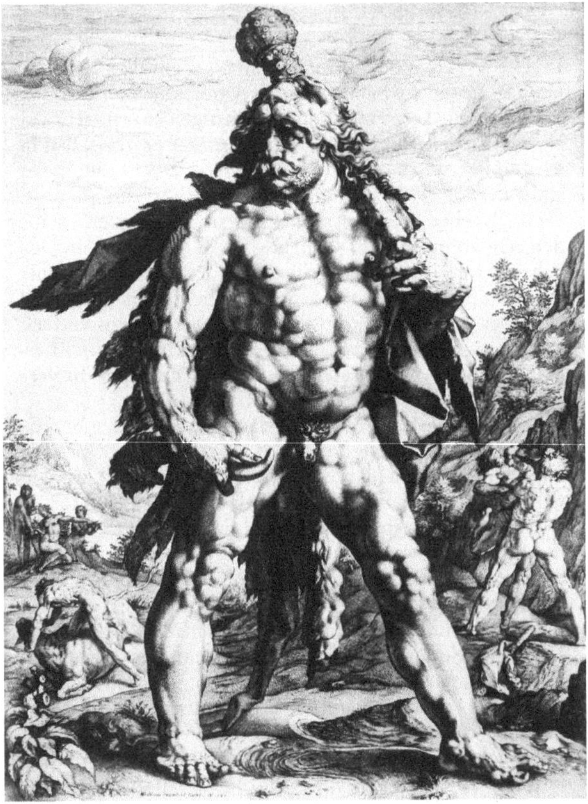

Hendrik Goltzius: Der große Herkules
Kupferstich, 1589

Q: Ovid, Met. IX,80–88

Hendrik Goltzius: Der große Herkules

Herkules steht vor einer felsigen Landschaft; das Löwenfell hat er über den Kopf gelegt und die Keule geschultert. In der rechten Hand hält er ein großes Rinderhorn. Hinter ihm ist sein Kampf mit dem Riesen Anteus und mit dem Flussgott Achelous zu sehen, der sich in einen wilden Stier verwandelt hat. Herkules besiegte ihn und brach ihm ein Horn ab, das er als Trophäe in der Hand hält. In einer Nebenszene füllen Najaden das ausgehöhlte Horn mit Blumen und Früchten, sodass das Horn des Achelous zum Füllhorn der Abundantia, der Göttin des Überflusses, wird.

Der Kupferstich gehört zu Hendrik Goltzius' bekanntesten Arbeiten. Wegen der übertriebenen Darstellung des muskulösen Körpers wird der Stich in alten Quellen häufig als »knolleman« bezeichnet. Nicht leicht sind in dieser Darstellung die Anteile von Ernst und Humor zu unterscheiden. Zweifellos spricht das Blatt den Sinn für Humor an; es betont die grobschlächtigen Aspekte der Figur und ironisiert damit nicht zuletzt die idealisierten Darstellungen des Herkules, die damals weit verbreitet waren. Das schließt aber eine ernste inhaltliche Ebene nicht aus. Die Heldentaten, die im Hintergrund dargestellt sind, stellen Siege dar, die in besonderem Maße als Glück bringend angesehen wurden. Mit dem Tod des Riesen Anteus öffnete sich der Weg zum paradiesischen Garten der Hesperiden, das Horn des Achelous verwandelte sich in ein Symbol des Überflusses. Zudem werden in den Versen am unteren Rand des Blattes Herkules' Sieg über das dreiköpfige Monster Geryon genannt, das damals als Symbol Spaniens verstanden wurde.

Es liegt daher nahe, hier eine Anspielung auf den Freiheitskampf der Niederlande gegen Spanien zu sehen: die Siege des »batavischen« Herkules symbolisieren den Weg zu Wohlstand und Glück des Landes.

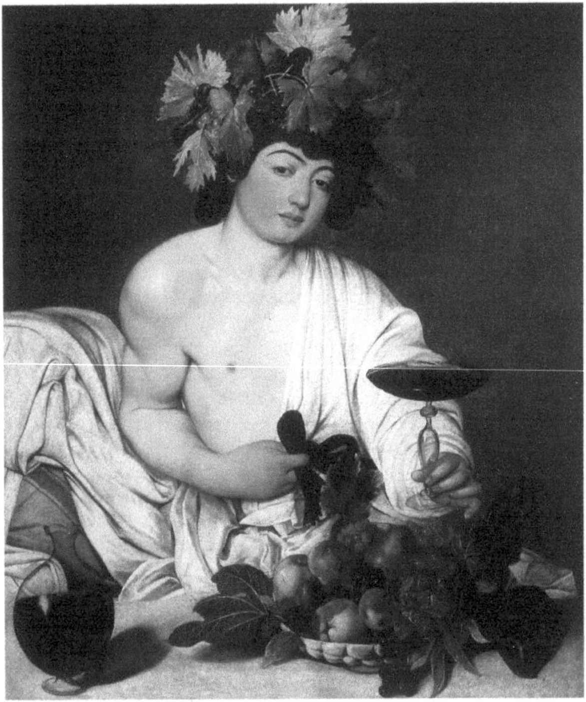

MICHELANGELO MERISI, gen. CARAVAGGIO: Bacchus
Öl auf Leinwand, um 1590 (Florenz, Uffizien)

Michelangelo Merisi, gen. Caravaggio: Bacchus

Bacchus gehört zu den frühesten Gemälden Caravaggios. Es dürfte kurz nach der Ankunft des Künstlers in Rom um 1590 entstanden sein. Mit illusionistischen Früchte- und Blumenstilleben sowie realistischen, meist genrehaften Halbfigurendarstellungen machte er auf sich aufmerksam.

Früchtekorb, Weinlaubkranz, Weinglas und Karaffe zeigen auch in diesem Bild den verblüffenden Illusionismus seiner Malerei. Bemerkenswert ist die Darstellung des Weingottes. Bacchus stützt sich auf den Ellenbogen in halb liegender Haltung, wie auf einem *triclinium*, einem antiken Speisesofa. Er blickt den Betrachter unter gesenkten Augenlidern an und hebt mit eleganter Geste das Glas. Die helle Haut seines Körpers hebt sich deutlich von dem sonnengebräunten Gesicht und den Händen ab und zeigt, dass dieser Bacchus kein Wesen der klassischen Mythologie ist, sondern ein Modell. Dabei ist die Inszenierung in spielerischer Weise antikisierend, sie erinnert vor allem an die Liegefiguren auf etruskischen Sarkophagen. Nicht zu übersehen ist auch die Ähnlichkeit mit Michelangelos Bacchus. Sowohl der etwas verweichlicht wirkende Körper, als auch die Gesichtszüge des jungen Weingottes erinnern an die berühmte Skulptur, die sich damals in Rom befand.

Dieses Bild des Weingottes ist nicht nur ein Paradestück illusionistischer Malerei, es ist in seiner anzüglich frivolen Art sicher auch ironisch gemeint. Nur vor dem Hintergrund der von humanistischem Idealismus geprägten Darstellungen der antiken Götterwelt, wie sie die etwa gleichzeitig entstandenen Gemälde Annibale Carraccis im Palazzo Farnese verkörpern, lässt sich sein Sinn verstehen. Caravaggio wandte sich mit seinem Werk an einen Kreis von Kennern, die mit der antiken Mythologie bestens vertraut waren, gleichzeitig aber einen Sinn für den humoristischen und ironischen Umgang mit ihr hatten.

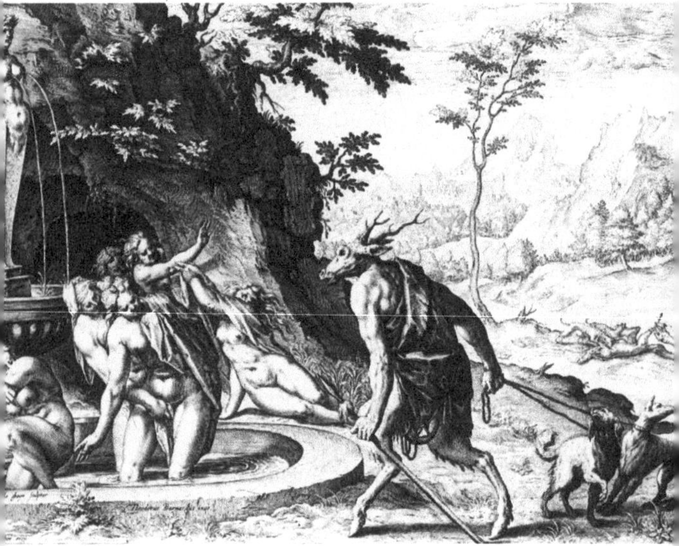

JACQUES DE GHEYN II nach THEODOR BARENTSZ:
Diana und Aktäon
Kupferstich, um 1590–1600

Q: Ovid, Met. III,155–252

Jacques de Gheyn II nach Theodor Barentsz: Diana und Aktäon

Als der Jäger Aktäon im Schatten einer Schlucht Schutz vor der Mittagshitze sucht, überrascht er dabei die Göttin Diana, die mit ihren Nymphen in einer Quelle badet. Die Nymphen scheinen entsetzt aufzuschreien und versuchen, die nackte Göttin vor Aktäons Blicken zu schützen. Erzürnt über den Eindringling spritzt diese Wasser in sein Gesicht und verwandelt ihn in einen Hirsch, der von den eigenen Hunden zerfleischt wird.

Der Stich zeigt Diana und ihr Gefolge in einem kunstvoll gestalteten Brunnen vor einer dunklen Höhle. Der Brunnen wird gekrönt von einer Statue, aus deren Brüsten Wasserstrahlen in das Becken fallen, vielleicht eine Anspielung auf die Fruchtbarkeitsgöttin Diana von Ephesos. Die abwehrenden Gesten der Nymphen lenken geradezu die Aufmerksamkeit des Betrachters auf ihre Reize und geben der Darstellung einen leicht zweideutigen Charakter. Aktäon wird im Moment der Verwandlung gezeigt. Seine Haltung drückt noch den Schrecken über den unerwarteten Empfang aus. Die Hunde wittern offenbar das Unheil und zerren an der Leine, um fortzulaufen. Im Hintergrund ist zu erkennen, wie der verwandelte Aktäon von der Meute zerfleischt wird.

Der Brunnen vor der schattigen Felsenhöhle erinnert an die künstlichen Grotten, die in dieser Zeit in den vornehmen Gärten angelegt wurden. Die Szene von Diana und Aktäon scheint die Künstler oft wegen der Verbindung von erotischer Verlockung und grausamer Gewalt angeregt zu haben. Sie konnte aber auch mit einer moralisierenden Botschaft, der Mahnung vor vermessenen Begierden, verbunden werden.

Jacques de Gheyn begann seine Laufbahn als Kupferstecher bei Hendrik Goltzius in Haarlem. Danach arbeitete er als selbständiger Künstler in Amsterdam und Den Haag. In späteren Jahren widmete er sich vor allem der Zeichnung und der Malerei.

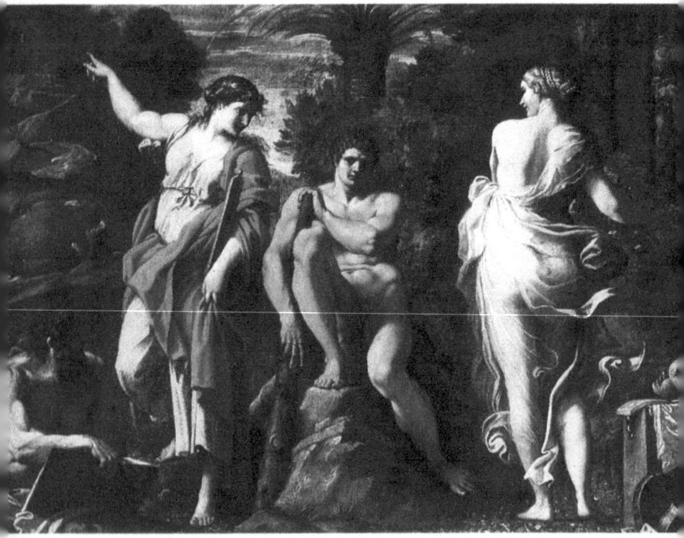

Annibale Carracci: Herkules am Scheidewege
Öl auf Leinwand, um 1596
(Neapel, Museo di Capodimonte)

Q: Xenophon, Memorabilien II,I,21–34

Annibale Carracci: Herkules am Scheidewege

Die Geschichte vom jungen Herkules, der vor die Wahl zwischen dem bequemen Weg der Vergnügungen und dem mühsamen Weg der Tugend gestellt wird und sich für den Weg der Tugend entscheidet, wird von Xenophon erzählt und diente besonders im 17. und 18. Jh. als pädagogisches *exemplum.* In einen solchen Zusammenhang gehört auch dieses Gemälde. Es schmückte ursprünglich das Studierzimmer des jungen Kardinals Odoardo Farnese in seinem römischen Palast. Dort bildete es die Mitte eines Bildprogramms, das dem Thema der Tugend gewidmet war.

Die kompositionelle Anlage verdeutlicht die Situation der anstehenden Entscheidung: In der Mitte sitzt Herkules auf einem Felsen, gestützt auf eine riesige Keule. Sein Gesichtsausdruck verrät, das er sich mit der Entscheidung schwer tut. Seine Augen sind aber schon auf die Tugend gerichtet und signalisieren, wem er folgen wird. Das bestätigt auch die Palme über seinem Kopf, die seinen moralischen Sieg symbolisiert.

Das Laster tritt als verführerische Schönheit auf, kunstvoll frisiert und in dünne Kleider gehüllt. Sie blickt den Jüngling kokett an und zeigt auf blühende Rosen und Weinreben, die am Stamm der Bäume ranken. Zu ihren Füßen liegen Theatermasken, ein Notenheft und Musikinstrumente. Völlig anders die Tugend. Ihre Frisur ist kunstlos, die Kleidung von schlichtem Schnitt und aus schwerem Stoff. Sie bedeckt den Körper fast ganz und verleiht ihm eine statuarische Wirkung. Mit gebieterischer Geste zeigt sie auf einen Berg, zu dem ein steiniger Pfad führt. Oben steht Pegasus, Symbol für den Ruhm, der denjenigen erwartet, der diesen Weg wählt. Der Tugend zu Füßen sitzt ein bärtiger, lorbeergekrönter Mann. Er hält ein aufgeschlagenes Buch – das Buch der Geschichte, in dem die Taten der Tugend verzeichnet werden.

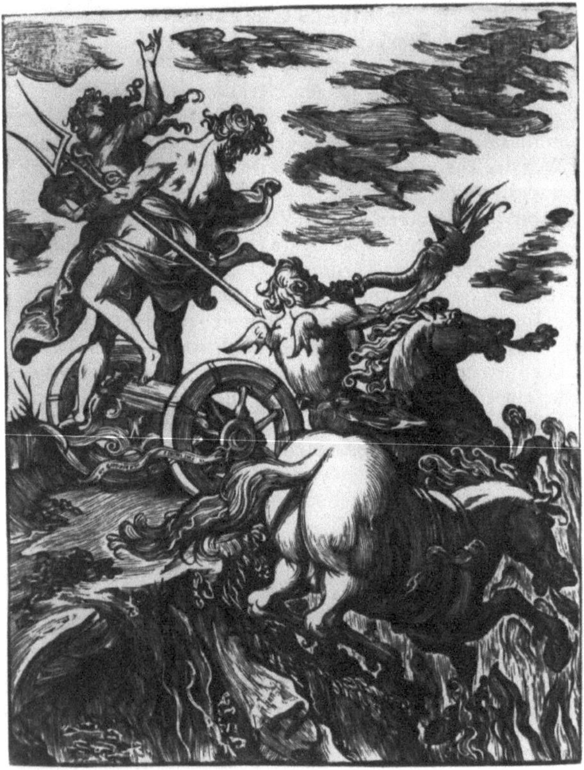

Giuseppe Scolari: Raub der Proserpina
Holzschnitt, um 1600

Q: Ovid, Met. V,385–408

Giuseppe Scolari: Raub der Proserpina

Proserpina war die schöne Tochter von Ceres und Jupiter. Als Pluto sie eines Tages beim Blumenpflücken sah, verliebte er sich so heftig in sie, dass er sie entführte. Das Mädchen wehrte sich vergebens, und nach einer wilden Fahrt raste Pluto mit seiner Beute in die Unterwelt. Die gewaltsame Entführung endete mit einem Kompromiss. Ceres, die ihre Tochter zurückverlangte, erreichte, dass diese auf die Erde zurückkehren und ein halbes Jahr bei der Mutter weilen durfte; die andere Jahreshälfte aber musste sie bei Pluto in der Unterwelt verbringen.

Der Raub der Proserpina hat mit seiner dramatischen Handlung und den erotischen Aspekten viele Maler und Bildhauer inspiriert. Ihre wichtigste Quelle war Ovid, der das Ereignis lebhaft beschreibt. Giuseppe Scolari hat das Geschehen stark komprimiert. Raub und Abstieg in die Unterwelt geschehen fast simultan. Pluto hat das Mädchen gepackt und springt auf seinen Wagen. Die Pferde schnauben, angefeuert von einem ins Horn blasenden Geist der Unterwelt, der vom Rücken des einen Pferdes die Equipage lenkt, und stürzen in den Erdspalt, der sich vor ihnen aufgetan hat. Die aufgebrachten Pferde, die Feuerflammen, die aus dem Erdspalt emporlodern, die gewaltsame Entführung und die Wolkenfetzen am Himmel geben zusammen mit dem schwungvollen Duktus der Zeichnung dem Bild seine besondere Expressivität.

Giuseppe Scolari brachte den Holzschnitt in Venedig zu großer Blüte. Ihm ist die Verbindung von normaler Holzschnitttechnik mit dem Holzstich zu verdanken, die es ermöglichte, differenzierte Grautöne zu erzeugen, wie hier in den Wolken oder in den Schattenzonen an den Pferden zu sehen sind. Scolaris Holzschnitte zeigen überwiegend religiöse Themen und sind in der Regel nach eigenen Entwürfen entstanden. Weder Gemälde noch Zeichnungen sind von ihm überliefert.

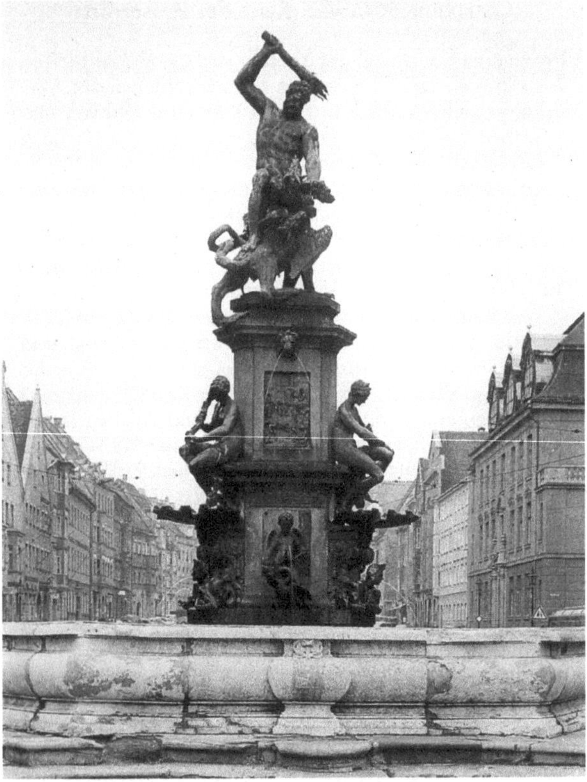

ADRIAN DE VRIES: Herkules mit der Hydra
Bronze, 1602 (Augsburg)

Q: Apollodorus XI,5,2; Hyginus, Fab. 30;
Ovid, Met. IX,69,192f.

Adrian de Vries: Herkules mit der Hydra

In den Jahren um 1600 wurden auf den Hauptplätzen Augsburgs nach italienischer Art mit großen Bronzefiguren geschmückte Brunnen errichtet. Ihre Themen sind der antiken Mythologie und Geschichte entlehnt und nehmen Bezug auf den römischen Ursprung der Stadt und ihre Stellung als freie Reichsstadt und Handelsmetropole. 1594 entstand der Augustusbrunnen von Hubert Gerhard, 1599 war der Merkurbrunnen von Adrian de Vries vollendet. Drei Jahre später folgte der Herkulesbrunnen, der von einer Darstellung vom Kampf des Herkules mit der Hydra gekrönt wird. Zu sehen ist, wie Herkules das Ungeheuer an einem seiner vielen Köpfe packt und zu einem kräftigen Hieb mit der zu einer Fackel umfunktionierten Keule ausholt.

Die Tötung der neunköpfigen Hydra, die an dem See von Lerna lebte, gehört zu den häufig dargestellten Großtaten des Herkules. Gemäß dem Mythos wuchs, sobald der Hydra ein Kopf abgeschlagen wurde, aus der Wunde ein neuer nach. Um dies zu verhindern, brannte Iolaus, der Herkules begleitete, mit einer Fackel die frischen Wunden aus. Anders Adrian de Vries, er überließ Herkules das Ausbrennen der Wunden und wandelte zu diesem Zweck seine Keule zu einer Fackel um.

Der inhaltliche Bezug der ersten beiden Brunnen, von Kaiser Augustus und Merkur, zur Stadt liegt auf der Hand. Die Bedeutung des Herkules ist allerdings weniger offensichtlich. Die Tötung der Hydra galt als Sieg über das Böse. Wahrscheinlich steht Herkules als Sinnbild der Stärke und Tugend daher für das gute Regiment der Stadt. Am Pfeiler des Herkulesbrunnens wird die Gründung der Stadt allegorisch dargestellt. Will man Herkules mit dem Gründungsmythos verbinden, sei daran erinnert, dass die Tötung der Hydra gelegentlich auch als Sinnbild für die Trockenlegung der lerneischen Sümpfe gedeutet wurde. Dies kann durchaus auf die Gründung einer *colonia* bezogen werden.

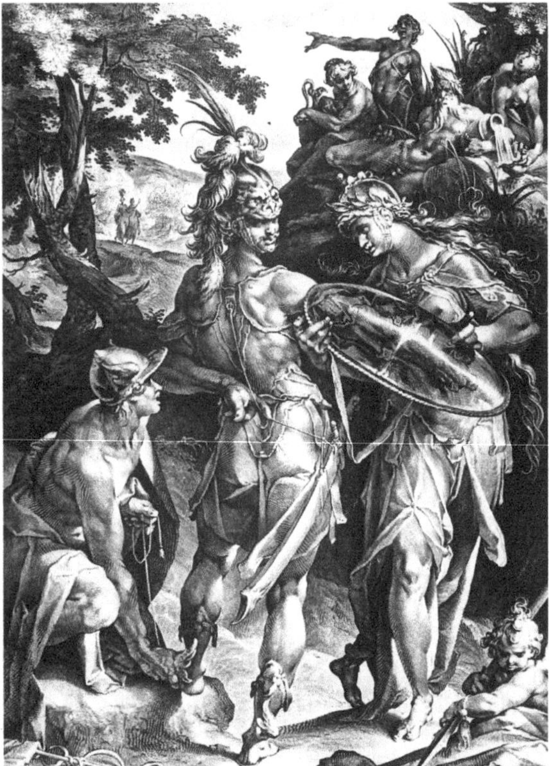

JAN MULLER nach BARTHOLOMÄUS SPRANGER:
Perseus, Minerva und Merkur
Kupferstich, 1604

Q: Apollodorus II,4,2; Ovid, Met. IV,772–786

Jan Muller nach Bartholomäus Spranger: Perseus, Minerva und Merkur

Aufgestachelt von Minerva, sollte Perseus die gefährliche Medusa töten, die mit ihrem Blick jeden in Stein verwandelte. Minerva rüstete Perseus mit einem glänzenden Schild aus, der Medusas Blicke wie ein Spiegel zurückwerfen und ihn so schützen sollte. Merkur gab ihm seine Flügel und das Schwert. So ausgestattet brach er auf und erfüllte erfolgreich den Auftrag.

Der Stich zeigt, wie Minerva Perseus den Schild gibt, während Merkur ihm die Flügel an die Füße bindet. Die Szene spielt in einer arkadischen Landschaft, die Atmosphäre ist spielerisch und fast frivol. Perseus dreht sich zum Betrachter um und blickt ihn mit einem mokanten Lächeln an. Er trägt einen Helm mit extravagantem Federschmuck. Seine linke Hand spielt übermütig mit dem Gehänge seines Schwertes. Minerva, als junges, leicht geschürztes Mädchen dargestellt, hat ihre Lanze abgelegt, um Perseus besser den Schild auf den Arm schieben zu können.

Stilistisch und auch in der leichtfertigen Art, wie das mythologische Thema behandelt wird, ist der Stich charakteristisch für die Kunst am Hofe Kaiser Rudolfs II. in Prag. Der scheinbar heitere Charakter der Szene darf aber nicht über den tieferen Sinn hinwegtäuschen. Minerva und Merkur gehören zu den am häufigsten dargestellten mythologischen Gestalten in der Prager Hofkunst. Sie stehen für die Verbindung von Weisheit und List, Klugheit und Eloquenz, deren Zusammenwirken große Heldentaten hervorbringt.

Der Holländer Jan Muller war einer der führenden Kupferstecher seiner Zeit, der oft nach Vorlagen der Prager Hofkünstler arbeitete. Der durchsichtige, Licht reflektierende Schild und das fein differenzierte, lebendige Spiel von Licht und Schatten machen diesen Stich zu einem Meisterwerk der Druckgraphik.

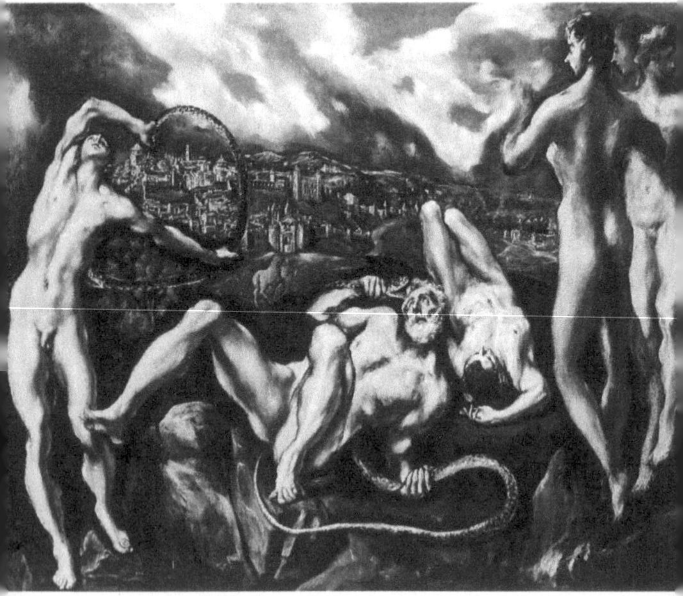

Domenico Theotocopuli, gen. El Greco:
Laokoon und seine Söhne
Öl auf Leinwand, 1610–14
(Washington, National Gallery)

Q: Vergil, Aeneis II,13–249

Domenico Theotocopuli, gen. El Greco: Laokoon und seine Söhne

Auf der Flucht aus Troja kam Aeneas nach Karthago, wo er von Königin Dido aufgenommen wurde. Ihr erzählte er vom Untergang Trojas. Die Griechen täuschten vor, die Belagerung der Stadt aufzugeben. Sie ließen aber ein großes Holzpferd zurück, in dem sich Krieger versteckt hatten. Die Trojaner jubelten und wollten das Holzpferd als Trophäe in die Stadt holen. Der Priester Laokoon aber ahnte Betrug und warnte davor. Als er dann von zwei Riesenschlangen überfallen wurde, die ihn und seine beiden Söhne töteten, sahen die Trojaner darin ein Zeichen des Zornes der Götter und brachten Athena das Holzpferd zum Opfer dar. Damit war es den Griechen gelungen, Einlass in die Stadt zu finden, und das Schicksal Trojas war besiegelt.

Die Entdeckung der antiken Laokoongruppe in Rom 1506 gab dem Thema eine besondere Aktualität. Sie gehörte bald zu den am meisten bewunderten antiken Kunstwerken, und jede Beschäftigung mit dem Motiv führte fast zwangsläufig auch zu einer Auseinandersetzung mit dieser Skulptur. El Greco löste die eng geschlossene Komposition der antiken Skulptur auf, behielt aber die Bewegungsmotive der einzelnen Figuren bei. Laokoon ist zu Boden gestürzt, ein Sohn liegt leblos hinter ihm, während der zweite, noch aufrecht, sich der Schlange zu erwehren sucht. Am rechten Bildrand stehen zwei Gestalten, die als Paris und Helena, die Verursacher des Trojanischen Krieges, gedeutet worden sind.

Die Szene spielt sich vor der Kulisse der Stadt Toledo, wo El Greco lebte, ab; vor ihren Mauern steht das trojanische Pferd. Die überlangen Proportionen der Figuren und der flockige Farbauftrag sind charakteristisch für den Spätstil des Künstlers. Dieses Bild ist El Grecos einzige überlieferte Darstellung eines antiken Themas. Es befand sich bei seinem Tod in seinem Besitz.

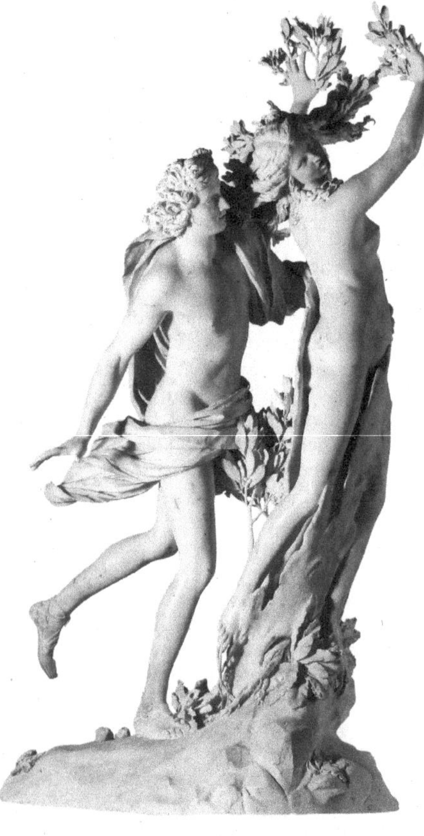

GIOVANNI LORENZO BERNINI: Apoll und Daphne
Marmor, 1620–25 (Rom, Galleria Borghese)

Q: Ovid, Met. I,452–567

Giovanni Lorenzo Bernini: Apoll und Daphne

Die Geschichte von Apoll und Daphne zählt zu den schönsten Erzählungen aus Ovids *Metamorphosen.* Apoll, stolz nach seinem Sieg über die Schlange Python, verhöhnt Amor und spricht ihm die Kraft ab, mit dem Bogen schießen zu können. Amor rächt sich dafür. Mit einem goldenen Pfeil entzündet er in Apoll die Liebe zu Daphne, mit einem bleiernen weckt er in Daphne die Abneigung gegen jegliche Liebe. Apoll begehrt sie, sie weist ihn ab, er verfolgt sie, sie flieht und fleht ihren Vater, den Flussgott Peneus, um Hilfe an. Unter den Händen Apolls wird sie in einen Lorbeerbaum verwandelt. Ihm bleibt nur, sich aus den Zweigen einen Kranz zu binden.

In Malerei und Graphik ist der Daphne-Mythos oft dargestellt worden, in der Skulptur aber nicht. Gerade darin dürfte Bernini eine Herausforderung gesehen haben. Gewählt hat er den Moment, in dem Apoll die fliehende Daphne einholt und nach ihr greift. Sie dreht sich um, wie um sich seinem Griff zu entziehen. Ihr Gesicht ist voller Angst; die Arme streckt sie abwehrend in die Höhe. Ihre Verwandlung hat schon begonnen. Aus ihren Fingern wachsen Zweige, aus den Zehen Wurzeln, und um ihren Körper schließt sich ein Panzer aus Rinde. Apoll scheint das alles noch nicht bemerkt zu haben, er legt die Hand auf ihren Leib und sein Gesicht strahlt noch die Freude über den gemachten Fang aus.

Die Skulptur erreicht hier einen Höhepunkt des Stoffrealismus. Durch die subtil differenzierte Bearbeitung der Oberfläche bildet Bernini Haut, Haare, Laub und Rinde täuschend ähnlich nach. Noch bemerkenswerter ist es, wie er dem Betrachter suggeriert, die wilde Verfolgung und den Moment der Metamorphose selbst mitzuerleben. Mit diesem virtuosen Werk trat der junge Bernini selbstbewusst in Wettstreit mit der antiken Skulptur. Dazu gehörte auch, dass er für den Apoll auf das Vorbild des antiken *Apollo di Belvedere* zurückgriff.

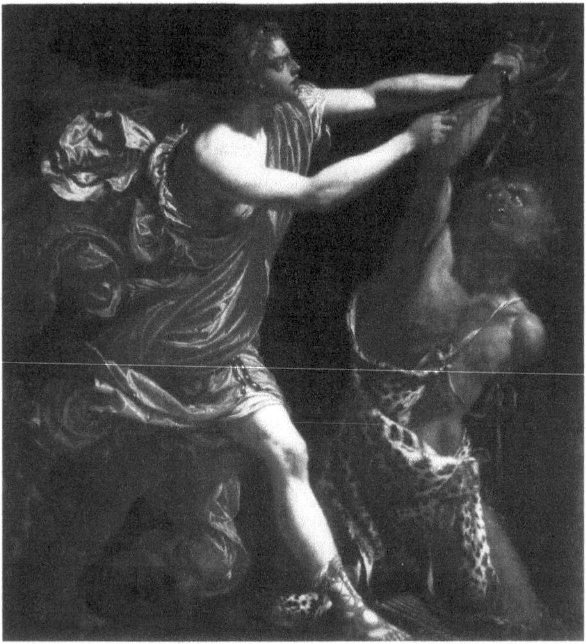

ARTEMISIA GENTILESCHI: Apoll und Marsyas
Öl auf Leinwand, um 1620 (Florenz, Palazzo Pitti)

Q: Apollodorus I,4,2; Hyginus, Fab. 165;
Plinius, Hist. Nat. XVI,89

ARTEMISIA GENTILESCHI: Apoll und Marsyas

Der Satyr Marsyas hatte die von Athena erfundene, aber mit einem Fluch weggeworfene Rohrflöte aufgenommen und Apoll zum Wettspiel herausgefordert. Die Musen wurden zum Schiedsrichter bestellt und sprachen Apoll den Sieg zu. Zur Strafe seiner Vermessenheit wurde Marsyas an einen Baum gebunden und bei lebendigem Leib gehäutet.

Der Gegensatz zwischen dem jugendlich schönen Gott und dem derben Satyr, aber auch die Grausamkeit der Strafe regte vor allem im 16. und 17. Jh. die Fantasie der Künstler an. Die Geschichte wurde häufig zur Darstellung der Allegorie auf den Triumph edler Kunst über die Natur verwendet; oft teilt sich aber auch nur die Faszination für das Schreckliche, Sadistische mit. Seltener verspürt man Mitleid mit dem geschundenen Satyr.

Artemisia Gentileschis Gemälde ist in dieser Hinsicht mehrdeutig. Der Eifer, mit dem Apoll ans Werk geht, wirkt eher abstoßend, die harten Knitterfalten seines wehenden Gewandes unterstreichen den Affekt und das Unerbittliche seiner Tat. Das vor Schmerz entstellte Gesicht des Marsyas und sein noch unversehrter, schmächtiger Körper erwecken jedenfalls beim heutigen Betrachter Mitgefühl. Sein Instrument, eine Panflöte, hat er zu Boden fallen lassen. Sie ist eigentlich das Attribut des Pan; Marsyas spielte, der Sage nach, auf einer einfachen Flöte. Eine solche Verwechslung der Attribute kommt in der Kunst häufig vor und ist wohl damit zu erklären, dass die Panflöte als derbes, auch einem Naturwesen wie Marsyas angemessenes Instrument angesehen wurde.

Artemisia war die Tochter des berühmten römischen Malers Orazio Gentileschi, der auch ihr Lehrer war. Sie war mit vielen Intellektuellen ihrer Zeit, unter ihnen auch Galilei, befreundet. Als einer der wenigen Frauen ihrer Zeit gelang es ihr, als Künstlerin einen international anerkannten Ruf zu erringen.

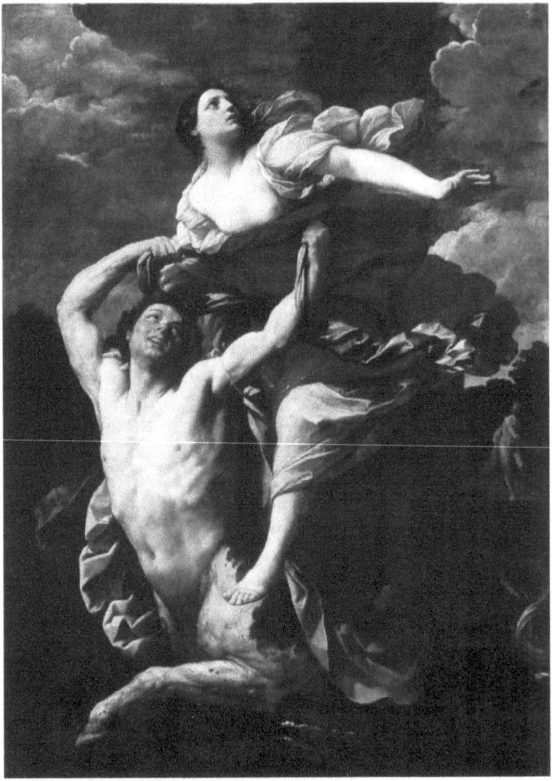

GUIDO RENI: Herkules, Nessus und Deianeira
Öl auf Leinwand, 1621 (Paris, Louvre)

Q: Apollodorus II,7,6; Hyginus, Fab. 34;
Ovid, Met. IX,101–134

GUIDO RENI: Herkules, Nessus und Deianeira

Als Herkules mit seiner frisch vermählten Frau Deianeira an den Fluss Euenus kam, war die Strömung so stark, dass er nicht wusste, wie er sie hinüber bringen sollte. Da bot ihm der Kentaur Nessus an, Deianeira auf seinem Rücken über den Fluss zu bringen, während Herkules selbst hinüber schwimmen sollte. Als Herkules das andere Ufer bereits erreicht hatte, machte Nessus kehrt, um Deianeira zu entführen. Herkules ergriff seinen Bogen und tötete den Kentaur mit einem vergifteten Pfeil. Bevor er starb, gab Nessus Deianeira seinen blutgetränkten Mantel, der ihr Herkules' Liebe für ewig sichern würde.

Die Hauptperson auf dem Gemälde ist nicht, wie sonst üblich, Herkules, sondern Nessus, der mit Deineira davoneilt. Herkules steht zurückgelassen am Ufer. Er greift nach einem Pfeil, mit dem er im nächsten Augenblick den Entführer töten wird. Nessus hält seine schöne Beute mit einem Schal gefesselt und blickt sie erwartungsvoll und entzückt an. Deianeira, die wie im Sprung den Kentaur mit ihren Füßen kaum berührt, blickt verzweifelt zum Himmel. Ihre Gewänder bauschen sich dramatisch im Winde auf. Dunkle Wolken unterstreichen die schicksalhafte Stimmung.

Nicht Herkules' Rache, sondern die psychologische Spannung der Situation ist das eigentliche Thema der Darstellung. Deianeira ist die tugendhafte Heroine, der Kentaur das ahnungslose Naturkind, das seine Freude über den Fang nicht verbergen kann. Und der Betrachter ahnt, dass im nächsten Augenblick die Katastrophe über ihn hereinbrechen wird.

Das Gemälde gehört zu einer Folge von vier Herkulestaten, die Guido Reni für den Herzog von Mantua, Federigo Gonzaga, malte. Die übrigen Gemälde stellen Herkules auf dem Scheiterhaufen, Herkules im Kampf mit dem Flussgott Achelons und Herkules im Kampf mit der Hydra dar.

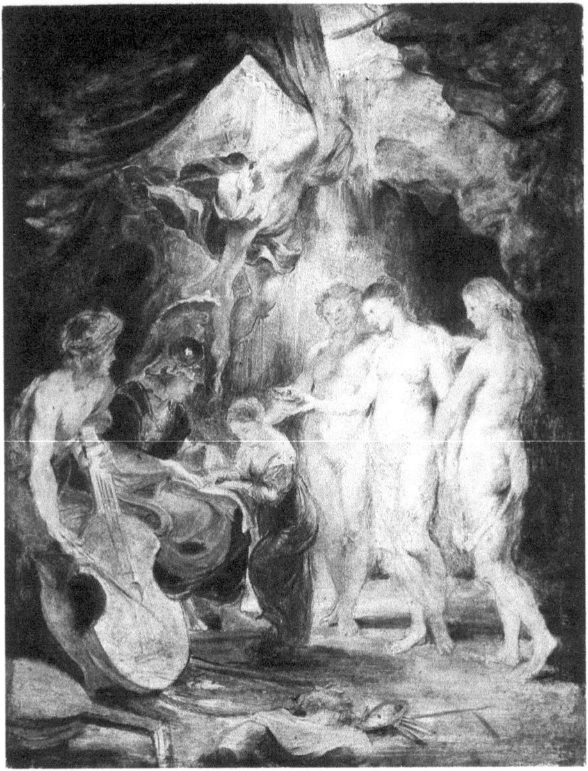

PETER PAUL RUBENS:
Die Erziehung Maria de' Medicis (Skizze)
Öl auf Holz, 1621–25
(München, Alte Pinakothek)

Peter Paul Rubens: Die Erziehung Maria de' Medicis

1621 erhielt Rubens den Auftrag, für den gerade fertiggestellten Palast Maria de' Medicis in Paris einen Gemäldezyklus mit Darstellungen aus ihrem Leben und politischen Wirken zu malen. Angesichts des konfliktreichen Verhältnisses zwischen der Königin und ihrem Sohn, Ludwig XIII., stellte die Aufgabe das diplomatische Geschick des Künstlers auf eine schwere Probe. Rubens schuf eine Folge von 21 Gemälden, in denen die wichtigsten Stationen im Leben der Königin durch Gestalten aus der antiken Mythologie, die zusammen mit historischen Personen auftreten, dargestellt werden.

Die Allegorie über die Erziehung der Prinzessin soll die Befähigung Marias für ihre zukünftige Rolle als regierende Königin zeigen, kann aber gleichzeitig auch als Bild eines pädagogischen Ideals gelten. Minerva, zu erkennen an ihrem Helm, bringt Maria das Schreiben bei. Apoll spielt dazu die Gambe. Ihm zu Füßen liegen Laute, Marmorbüste, Bildhauerwerkzeug, Palette mit Pinseln und auch Minervas Schild. Merkur senkt sich aus der Höhe zu der Gruppe herab und weist mit seinem Stab auf Marias schreibende Hand. Wenn Minerva hier für Weisheit und Gelehrsamkeit steht, repräsentiert Apoll die Künste. Sein Gambenspiel ist darüber hinaus auch als Mahnung zu harmonischer Ausgewogenheit der Erziehung zu verstehen. Merkur kann, wie Minerva, die Weisheit symbolisieren, vertritt hier wohl aber eher die Beredsamkeit, die Rhetorik, während Minerva auch für die Grammatik steht.

Die Hauptpersonen der Szene sind die hell beleuchteten Grazien, die über den Unterricht wachen. Eine von ihnen hält einen Blumenkranz in ihrer ausgestreckten Hand, um Maria damit zu schmücken. Die Grazien symbolisieren Anmut und Schönheit, sie garantieren den Erfolg des Studiums und adeln die Gelehrsamkeit.

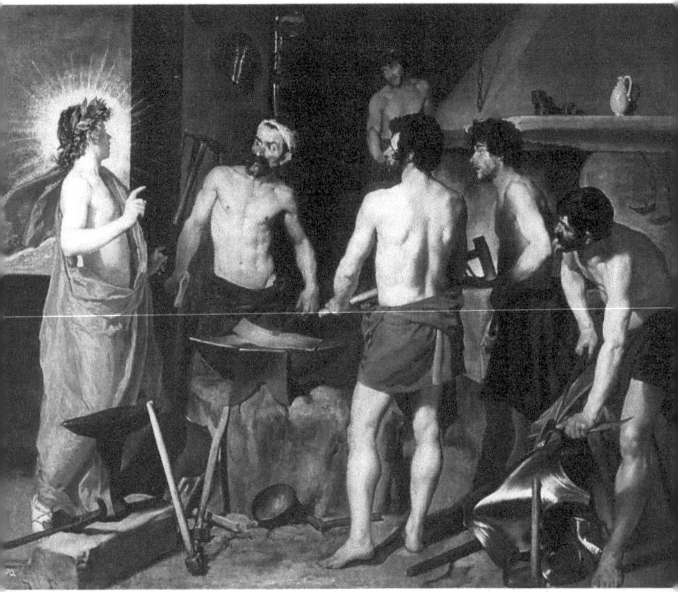

DIEGO VELAZQUEZ: Apoll in der Schmiede Vulkans
Öl auf Leinwand, um 1630 (Madrid, Prado)

Q: Ovid, Met. IV,172–189

Diego Velazquez:
Apoll in der Schmiede Vulkans

Ovid berichtet, wie die Sonne (Apoll) den Ehebruch der Venus mit Mars an den Tag brachte und dem Schmied Vulkan, ihrem Gatten verriet. Dieser fertigte dann ein Netz an, mit dem er beide auf frischer Tat ertappte und einfing.

Auf Velazquez' Gemälde ist Apoll, durch den Lichtschein als Sonnengott zu erkennen, in die Schmiede geeilt und erzählt mit eifrig erhobenem Zeigefinger, was er gesehen hat. Seine helle Haut und der orangefarbene Umhang kontrastieren effektvoll gegen die in gedämpften Erdtönen gehaltene Schmiede und weisen ihn als Eindringling, wie aus einer anderen Sphäre kommend, aus.

Velazquez stellt die Szene als psychologisches Drama dar. Vulkan und seine Gesellen halten in der Arbeit inne und blicken überrascht und scheinbar ungläubig den jungen Sonnengott an. Vulkan, durch die schiefe Haltung zu erkennen, steht hinter dem Amboss. Seine aufgesperrten Augen und der feste Griff um den Hammer verraten seine Erregung. Vulkan wird nicht als betrogener Ehemann verspottet, vielmehr ist er eine ernst zu nehmende Gestalt, der Unrecht widerfahren ist.

Die Modulierung der verschwitzten Körper im dämmerigen Licht der Schmiede, ihr Innehalten mitten in einer Bewegung und ihre Mienen stellen einen Höhepunkt in der realistischen Malerei des Künstlers dar und lenken davon ab, wie intensiv sich Velazquez in diesem Gemälde, das er während seiner Romreise 1630 malte, auch mit antiken Vorbildern auseinandergesetzt hat. Nur wenige Künstler beherrschten wie Velazquez die Kunst, ihre Vorbilder so umzuformen, dass sie wie »aus dem Leben geschnitten« wirken. Von ihm sind sonst nur wenige Gemälde mit mythologischem Thema bekannt. Neben *Apoll und Vulkan* ist vor allem seine in die Gegenwart verlegte Darstellung des Arachnemythos, *Las Hilanderas*, zu nennen.

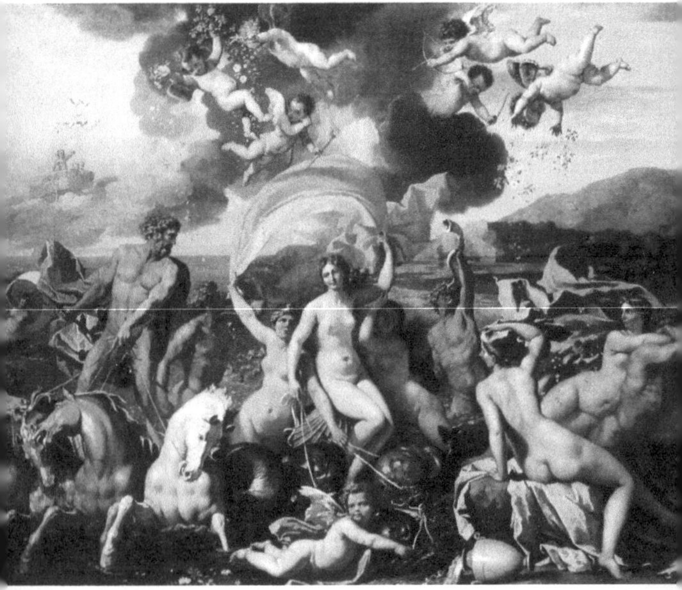

Nicolas Poussin: Neptun und Amphitrite *oder*
Der Triumph der Venus
Öl auf Leinwand, 1635–36
(Philadelphia, Museum of Art)

Nicolas Poussin: Neptun und Amphitrite *oder* Der Triumph der Venus

Über das Motiv dieses Bildes, das für Kardinal Richelieu gemalt wurde, herrscht Unsicherheit. Während viele Forscher darin einen Triumphzug Neptuns und Amphitrites sehen, vermuten andere, dass es sich um die Geburt der Venus bzw. um ihre Landung auf Cythera handelt. Die Unklarheit über das Thema mag ein Indiz dafür sein, dass dem Künstler die genaue Benennung nicht entscheidend war.

Die zentrale Frauengestalt wird durch das orangefarbene Tuch, das sich wie ein Segel über sie wölbt, hervorgehoben. Amphitrite bzw. Venus sitzt auf einer Muschel, die von Delphinen gezogen wird. Um sie herum tummeln sich Najaden und Tritonen. Im Vordergrund sitzt am Ufer eine Quellnymphe. Neptun, an den Rand des Bildes gerückt, bildet einen kräftigen Akzent, ist ihr durch seine Position aber untergeordnet. An ihrer Seite lenkt er sein wildes Gespann und blickt sie an, sie scheint ihn aber kaum zu beachten.

Auch wenn die beiden Hauptfiguren wenig Nähe zu einander zeigen, könnten die Blumen streuenden Amorinen und der Putto mit der brennenden Fackel dafür sprechen, dass es sich um den Hochzeitszug von Neptun und Amphitrite handelt. Amorinen gehören aber auch zum Gefolge der Venus. Für diese Interpretation spricht ein eher nebensächliches Motiv am Himmel: der von weißen Tauben gezogene Wagen ist der Wagen der Venus, in dem Amor und ein Amorin mit einer brennenden Fackel sitzen. Venus selbst hat vielleicht den Wagen verlassen, um Platz auf der Muschel zu nehmen.

Mit seiner hellen, klaren Farbigkeit und stark idealisierten Figuren ist das Gemälde charakteristisch für Poussins Kunst. Im Gegensatz zur römischen Barockmalerei seiner Zeit vertrat er eine klassizistische Position. In diesem Bild orientierte er sich vor allem an Raffael und Annibale Carracci, dessen Fresken im Palazzo Farnese er bewunderte.

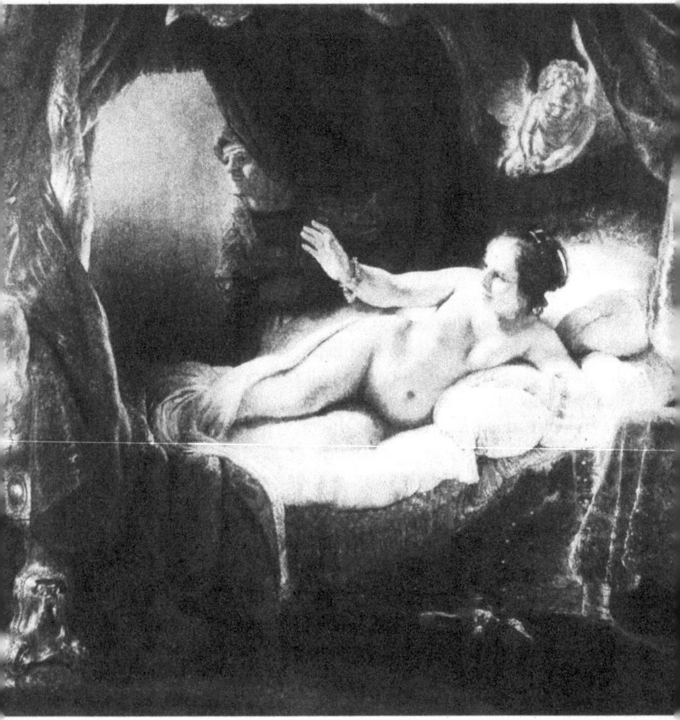

REMBRANDT: Danaë und der Goldregen
Öl auf Leinwand, 1636 (St. Petersburg, Eremitage)

Q: Apollodorus II,4,1: Horaz, Oden III,16,1;
Hyginus, Fab. 63; Ovid, Met. IV,611–614

Rembrandt: Danaë und der Goldregen

König Akrisios von Argos hatte nur eine Tochter, Danaë. Als er das Orakel befragte, ob ihm nicht ein Sohn geboren werden würde, bekam er ein Nein zur Antwort; Danaë aber würde einen Sohn gebären, der ihn jedoch töten würde. Um dem Schicksal zu entgehen, ließ der König Danaë einsperren. Jupiter aber, der an ihrer Schönheit Gefallen gefunden hatte, drang zu ihr in Gestalt eines Goldregens ein. Sie gebar einen Sohn, Perseus.

Die Szene, wie Danaë Jupiter in Gestalt des Goldregens empfängt, ist häufig dargestellt worden. Sie war willkommener Vorwand, einen schönen nackten Frauenkörper darzustellen, wobei die Intimität der Situation einen zusätzlichen Reiz darstellte. Rembrandt weicht von dem idealisierten Kanon ab. Seine Danaë ist nach Modell gemalt, er stellt sie auch aus einem Blickwinkel dar, der den Realitätsbezug betont. Das zarte Spiel von Licht und Schatten auf ihrer Haut gibt der Gestalt einen besonderen sinnlichen Reiz. Danaë liegt hinter schweren Vorhängen in ihrem Schlafgemach. Eine alte Dienerin zieht gerade den Bettvorhang zur Seite, um der Lichtflut Einlass zu verschaffen. Danaë wendet sich mit erwartungsvollem Gesichtausdruck dem Licht zu und scheint es mit erhobener Hand willkommen zu heißen.

Das Bett ist prachtvoll gestaltet und mit Kissen und Decken reich ausgestattet. Am Kopfende des Bettes versucht Cupido weinend, sich aus seinen Fesseln zu befreien. Obwohl als Schmuck des Bettes zu verstehen, ist er wie lebendig dargestellt. Er symbolisiert die Gefangenschaft der Danaë, durch die sie von der Liebe ferngehalten werden sollte.

Während Rembrandt in dem etwa gleichzeitig gemalten Bild *Der Raub des Ganymed* das antike Thema komischburlesk gestaltete, fasste er dieses Thema voller Ernst auf und schuf ein besonders schönes Beispiel für den Sensualismus seiner Kunst.

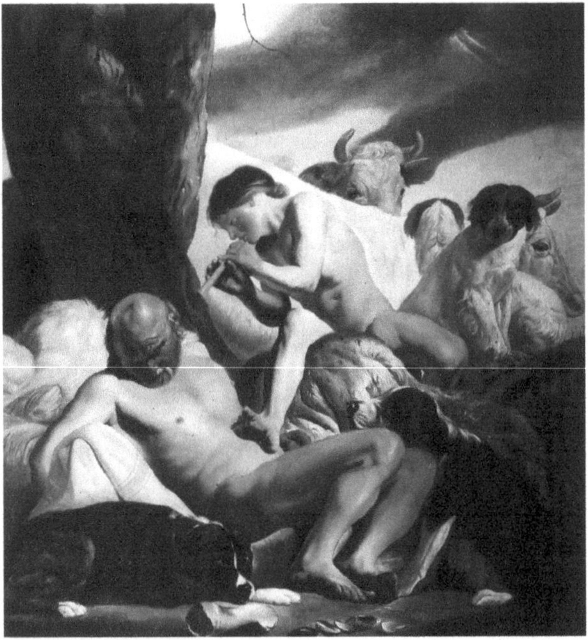

Jacob van Campen: Merkur und Argus
Öl auf Leinwand, um 1640 (Den Haag, Mauritshuis)

Q: Ovid, Met. I,668–721

Juno hatte die in eine weiße Kuh verwandelte Io in die Obhut des tausendäugigen Argus gegeben. Um sie zu befreien, bat Jupiter Merkur, Argus aus dem Weg zu räumen. Dieser verkleidete sich in einen Hirten und näherte sich Argus, der Gefallen an ihm fand und ihn zu bleiben bat. Mit Reden und Flötenspiel schläferte Merkur Argus ein. Dann schlug er ihm mit seinem Schwert den Kopf ab.

Jacob van Campen hat die Episode in betont alltäglicher Weise dargestellt. Nichts verrät, dass es sich um ein mythologisches Thema handelt. Argus ist ein alter, ungepflegter Mann, Merkur ein nackter Hirtenjunge mit staubigen Füßen. Beide scheinen in der Mittagshitze ihre Kleider ausgezogen zu haben, ihre braungebrannten Hände und Gesichter kontrastieren gegen die hellere Haut der Körper. Um sie herum drängen sich Kühe und Hunde; hinter Merkur ist die weiße Io zu sehen. Das Fell der Tiere ist mit großem Realismus gemalt. Die Szene ist aus nächster Nähe und in leichter Untersicht dargestellt, was den Eindruck von dichtem Gedränge verstärkt. Mittagshitze und Schläfrigkeit liegen über der Szene.

Im Gegensatz zur Gewohnheit der mittelalterlichen Künstler, die antiken Themen wie Szenen aus der Gegenwart zu behandeln, arbeitete der klassisch gebildete Jacob van Campen in voller Kenntnis der modernen Praxis, den antiken Themen ein antikisierendes Stilgewand zu geben. Wenn er davon abweicht, ist es ein bewusster Versuch, die antike Geschichte so zu gestalten, wie sie sich in der Realität tatsächlich ereignet haben könnte – daher wird Argus ohne die vielen Augen dargestellt, die der Künstler wohl als eine Metapher verstand. Wenn Merkur weder Flügel noch Caduceus (Hermesstab) trägt, ist dies aber auch ein Ausdruck von Texttreue, denn Ovid schreibt, dass Merkur dies alles ablegte, um von Argus nicht erkannt zu werden.

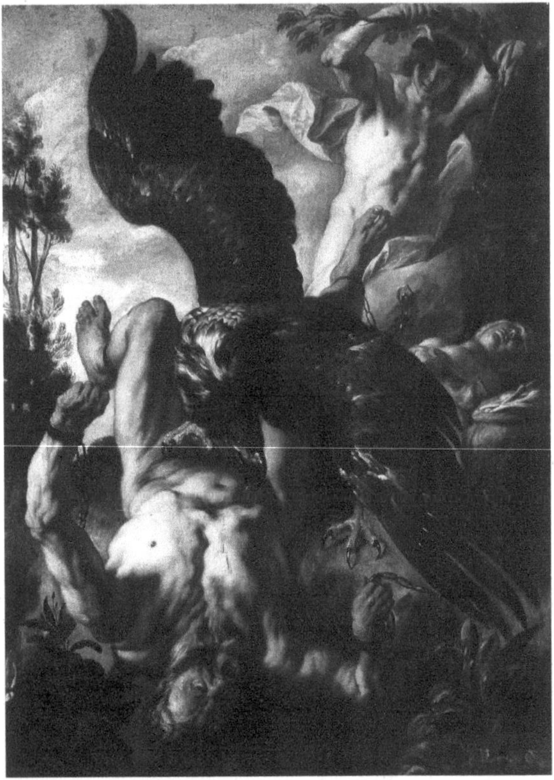

Jacob Jordaens: Prometheus
Öl auf Leinwand, um 1640
(Köln, Wallraf-Richartz-Museum)

Q: Apollodorus I,7,1; Hesiod, Werke und Tage 42–105;
Hesiod, Theogonie 565–616

Jacob Jordaens: Prometheus

Prometheus entstammte dem Geschlecht der Titanen und tritt in den Mythen als Gegner der Götter auf. Er brachte den Menschen das Feuer, das er den Göttern entwendet hatte, und schuf somit die Voraussetzung für die menschliche Zivilisation. Wegen solcher Vermessenheit ließ ihn Zeus an einen Felsen ketten. Jeden Tag hackte ihm ein Adler die Leber aus, die jede Nacht wieder nachwuchs, damit die Tortur von neuem beginnen konnte.

Jordaens' Ziel war es, den ohnmächtigen Schmerz des Gefesselten möglichst überzeugend darzustellen. Er lässt Prometheus kopfüber und ohne Halt am Felsen liegen; fast scheint er aus dem Bild dem Betrachter entgegen zu stürzen. Nicht nur sein Gesicht ist verzerrt, sein ganzer Körper zieht sich bis in die Zehen vor Schmerz zusammen. In dieser leidenden Gestalt hat Jordaens Motive der antiken Statue des Laokoon verarbeitet.

Der Adler teilt mit seinen ausgebreiteten Flügeln die Bildfläche diagonal in zwei Hälften. Sein Gefieder ist mit eindrucksvollem Naturalismus ausgeführt worden. Mit dem Schnabel zieht er Prometheus Stücke der Leber aus der Brust. Wohl um den guten Geschmack nicht zu verletzen, hat der Künstler bei aller Grausamkeit des Motivs darauf verzichtet, eine blutige Wunde zu malen, denn der Körper wirkt trotz der Tortur fast unversehrt.

Hinter Prometheus und dem Adler erscheint Merkur in lässiger Haltung. Einer Überlieferung zufolge war er es, der im Auftrag Jupiters Prometheus fesselte. Merkur blickt mit einem sadistischen Lächeln auf den Lippen auf den leidenden Prometheus herab. Gerade seine fehlende Empathie weckt das Mitgefühl des Betrachters. Ein lebloser Kopf bzw. das Fragment einer menschlichen Figur ist auch hinter dem Adler zu sehen. Dies ist wohl als Anspielung darauf zu verstehen, dass Prometheus den ersten Menschen aus Lehm geformt haben soll.

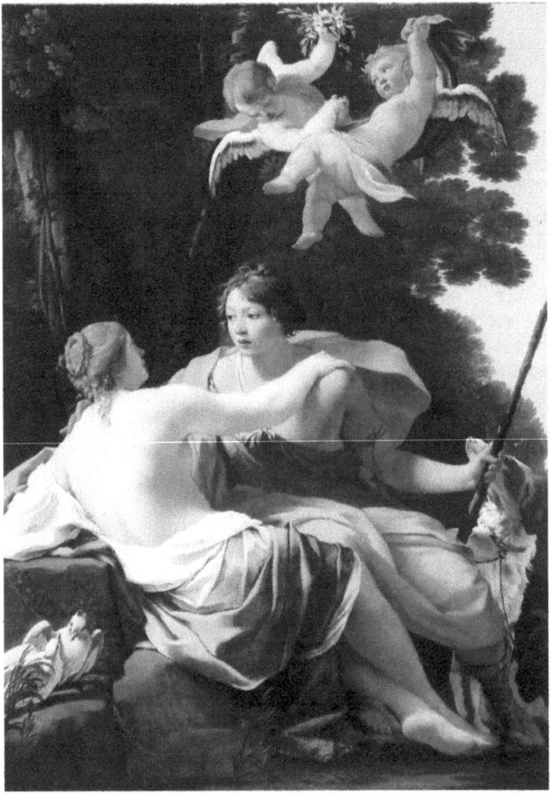

Simon Vouet: Venus und Adonis
Öl auf Leinwand, 1642
(Los Angeles, J. Paul Getty Museum)

Q: Ovid, Met. X,520–559, 708–739

Simon Vouet: Venus und Adonis

Der Mythos von Venus und Adonis hat viele Künstler angeregt. Venus, selbst von Amors Pfeil verwundet, hat sich besinnungslos in den schönen Jäger Adonis verliebt. Sie folgt ihm auf die Jagd und streift mit ihm durch die Wälder. Während die beiden im Schatten eines Baumes ruhen, warnt Venus Adonis vor den wilden Tieren: »Meide, mir zuliebe, die Tiere, die zum Angriff gehen. Sonst wird dein Mut unser beider Unglück!« Dann verlässt ihn die Göttin, und Adonis geht wieder auf die Jagd. Er verfolgt einen großen Eber, sein Speer verfehlt aber das Ziel, schließlich tötet der Eber ihn. Venus hört sein Klagen und kehrt zurück, um ihn tot zu finden. Aus seinem vergossenen Blut lässt sie Anemonen wachsen.

Die Szene, die Vouet – der Begründer der klassischen französischen Malerei – in Anlehnung an Tizian darstellt, findet sich so nicht bei Ovid, deutet aber den Verlauf der Erzählung an. Adonis löst sich aus der Umarmung der Göttin, er hat schon den Speer gegriffen, die Hunde sind aufgesprungen. Nachdenklich blickt er Venus an; sie wiederum schaut zu den zwei Amorinen hinauf, die sich anscheinend ebenfalls anschicken, wegzufliegen. Einer hält einen Blumenkranz in der Hand, vielleicht eine Anspielung auf das Schicksal des Adonis.

Adonis wirkt mit seinen vollen Lippen und verträumten Augen fast knabenhaft, nicht, wie sonst üblich, männlich forsch. Seine zersausten Haare und der von einem Windstoß aufgebauschte Mantel deuten den Abschied an. Das warme Kolorit seines goldgelben Mantels und roten Hemdes kontrastiert gegen die helle Haut der Göttin und das kühle Blau und Weiß ihrer spärlichen Kleidung. Venus ist hier nicht die triumphierende Göttin, deren Macht die Stärksten unterliegen. Sie kann ihren Geliebten nicht festhalten und ahnt schon den bevorstehenden Verlust.

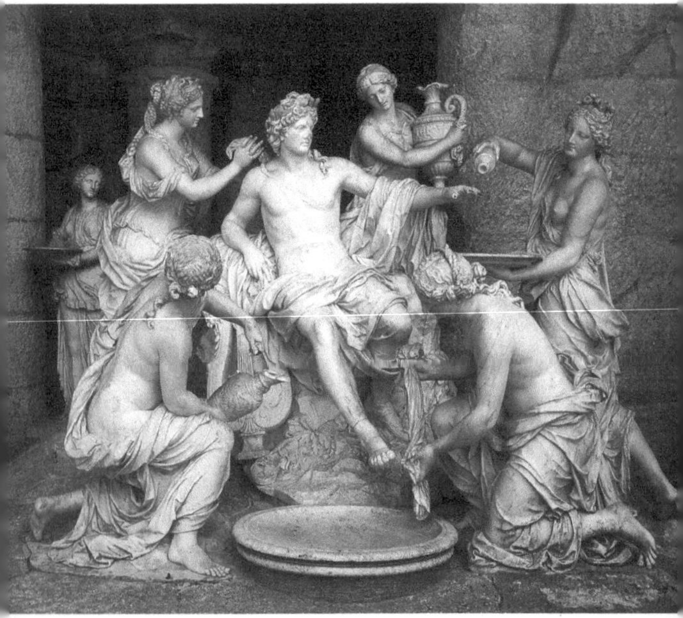

François Girardon:
Apoll bei den Nymphen von Thetis
Marmor, um 1670 (Versailles)

François Girardon: Apoll bei den Nymphen von Thetis

Im Schloss und den Gärten von Versailles finden sich zahlreiche Darstellungen von Apoll und ihm nahe stehenden mythologischen Gestalten, wie seine Mutter Latona oder seine Schwester Diana. Sie sind Teil der allgegenwärtigen Huldigung Ludwigs XIV. Apoll, der Sonnengott und der Gott der Künste, war eine zentrale Identifikationsfigur des »Sonnenkönigs«.

Zu den spektakulärsten Bauten im Park von Versailles gehörte die Thetisgrotte, die trotz ihrer Kostbarkeit schon acht Jahre nach ihrer Vollendung dem Bau der Schlosskirche weichen musste. Sie war unter einem großen Wasserreservoir eingerichtet, aus dem die Springbrunnen des Gartens gespeist wurden, und stellte einen Meerespalast dar. Die Ausschmückung war außerordentlich reich und aufwändig; Muscheln, Halbedelsteine und Spiegel bildeten zusammen mit Skulpturen und Wasserspielen ein einzigartiges Ensemble. In der Rückwand der Grotte befanden sich drei Nischen. In der mittleren stand die überlebensgroße Gruppe von Apoll, der sich nach den Mühen des Tages von den Nymphen der Thetis verwöhnen lässt; in den beiden seitlichen befanden sich Skulpturen von Apolls Pferden, um die sich Tritone kümmern.

Die Idee, dass Apoll bei der Meeresgöttin Thetis einkehrt, bezieht sich auf die Vorstellung, dass die Sonne am Abend ins Meer versinkt. Es gab mehrere Gründe, den Palast der Thetis zum Refugium des Sonnengottes zu machen. Sie war die Mutter des Helden Achill, einer weiteren Identifikationsfigur des Königs. Das Motiv der weiblichen Fürsorge hat aber wahrscheinlich auch einen engeren Bezug zum König. Für ihn war Versailles zu dieser Zeit ein Ort des Rückzugs von den Staatsgeschäften, hier ruhte er sich, so die offizielle Berichterstattung, von seinen anstrengenden Taten aus – und hier genoss er die Liebe von Madame de Montespan.

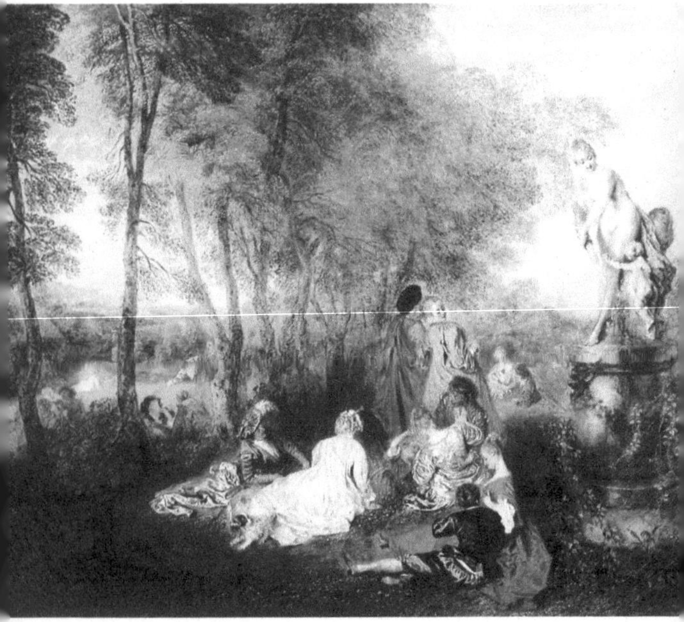

ANTOINE WATTEAU: Der Liebesgarten
Öl auf Leinwand, um 1720
(Dresden, Gemäldegalerie)

Antoine Watteau: Der Liebesgarten

In Watteaus Gemälden tritt uns eine poetische, melancholisch gestimmte Welt von Müßiggang, Musik, Theater und Liebe entgegen, die für die Nachwelt zu einem Sinnbild vom Ausklang des *ancien régime* geworden ist. Für diese Szenen erfand man den Begriff der *fêtes galantes*; sie sollten das Kennzeichen der Kunst des früh verstorbenen Künstlers werden.

Im Dresdener Bild sehen wir eine elegant gekleidete Gesellschaft von Liebespaaren, die sich zu Füßen einer Statue von Venus und Amor in einem verwilderten Park versammelt hat. Die Männer werben, unterschiedlich zudringlich, um die Gunst der Frauen: Die vier Paare in der Mitte des Bildes zeigen die verschiedenen Schritte des Werbens vom herantastenden Gespräch, über die kokett abgewehrte Annäherung bis hin zum einvernehmlichen Abzug in die Abgeschiedenheit des Gartens.

Die Venusstatue selber scheint fast lebendig zu sein; mit anmutiger Bewegung schäkert die Göttin mit dem kleinen Amor. Obwohl die modischen Kostüme die Szene in die Gegenwart verlegen, zeigt uns das Bild eine unerreichbare Welt, eine Utopie des verspielten erotischen Glücks. Es steht in der Tradition der Planetenbilder, der Garten ist das Reich der Venus, die Liebespaare veranschaulichen die Wirkung ihrer Macht.

Skulpturen antiker Göttinnen und Götter, wie Venus, Flora, Bacchus, Satyrn und Nymphen gehörten zum traditionellen Schmuck in den Gärten des Barock und des Rokoko. Watteaus Gemälde zeigt, wie sie zu verstehen sind. Sie verleihen der Natur eine poetische Dimension. Indem die modische Gesellschaft im Zeichen der Venus zusammen gekommen ist, erhält ihr Zusammensein eine Allgemeingültigkeit, die der Darstellung zu einer Parabel macht und ihr den Charakter des bloßen modernen Sittenbildes nimmt.

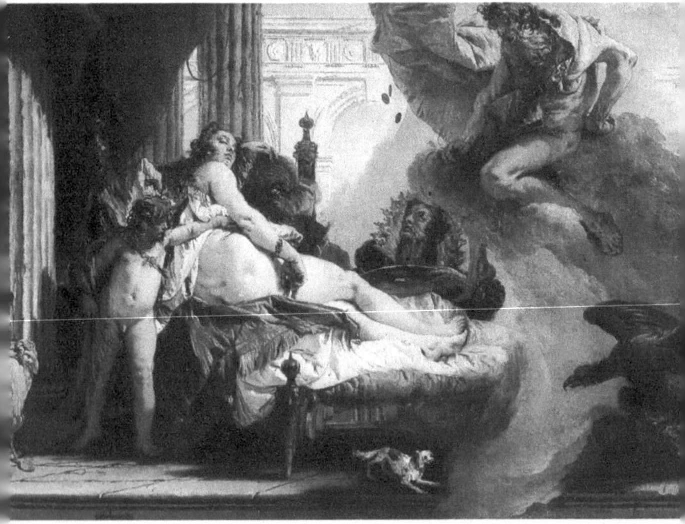

Giovanni Battista Tiepolo: Danaë und der Goldregen
Öl auf Holz, 1740
(Stockholm, Sammlung der Universität)

Q: Apollodorus II,4,1; Horaz, Oden III, 16,1;
Hyginus, Fab. 63; Ovid, Met. IV,611–614

Giovanni Battista Tiepolo: Danaë und der Goldregen

Stellte Rembrandt die Szene mit einfühlsamem Ernst dar, verwandelt Tiepolo sie in eine brillant gemalte burleske Komödie. Danaë ist alles andere als eine ideale Schönheit. Sie ruht auf einem üppigen Bett auf einer von Säulen umstellten Terrasse – nicht in einer abgeschlossenen Kammer, wie es die Textüberlieferung will – und dreht dem Betrachter ihr pralles Hinterteil zu. Mit trägem Blick schaut sie ihn über die Schulter an. Von ihr nicht beachtet, schwebt Jupiter, ein hagerer aber muskulöser Greis, auf einer Wolke zu ihr hinab. Er wird begleitet vom seinem fauchenden und von Danaës kleinem Schoßhund heftig angebellten Adler. Aus dem Goldregen des Mythos sind hier Goldmünzen geworden, die Jupiter um sich streut. Die alte Dienerin versucht, ihren Teil davon in einer Schüssel aufzufangen. Amor zerrt an Danaës Hemd, um sie auf Jupiters Ankunft aufmerksam zu machen.

Das Motiv der Geldmünzen spielt darauf an, dass der Danaë-Mythos häufig mit Prostitution in Verbindung gebracht wurde. Dazu passt auch die frivole Stimmung in Tiepolos Gemälde. Seine Danaë lässt eher an eine der berühmten venezianischen Kurtisanen als an eine keusche Königstochter denken. Tiepolo greift mit diesem Gemälde auf verschiedene bekannte Vorbilder aus der venezianischen Renaissancemalerei zurück. Die Geldstücke fangende Dienerin findet sich bereits bei Tizian, und die hell strahlende klassizistische Architektur, wie auch das gesamte blonde Kolorit, erinnert an die Malerei Paolo Veroneses.

Der schwedische König Friedrich I. erwarb das Gemälde beim Künstler selbst, im Zusammenhang mit dem Versuch, den berühmten Venezianer nach Stockholm zu holen, um von ihm die Decke im Festsaal des königlichen Schlosses bemalen zu lassen. Solche Aufgaben zählten zu Tiepolos besonderen Fähigkeiten, seine Geldforderungen überstiegen aber die Möglichkeiten des schwedischen Hofes.

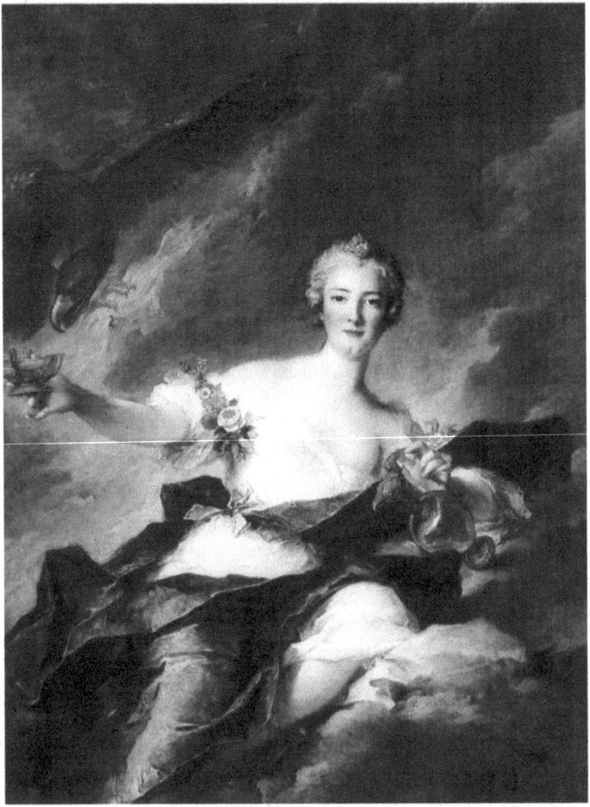

JEAN-MARC NATTIER: Die Duchesse de Chaulnes als Hebe
Öl auf Leinwand, 1744 (Paris, Louvre)

Q: Hesiod, Theogonie 17,922, 950

Jean-Marc Nattier: Die Duchesse de Chaulnes als Hebe

Jean-Marc Nattier war einer der erfolgreichsten Porträtmaler des französischen Rokoko. Sein besonderes Interesse galt dem *portrait historié*, d. h. dem Porträt, welches das Modell in mythologischer Verkleidung zeigt. Seine Klientel waren vor allem die Damen der höheren Gesellschaft: Das *portrait historié* diente in erster Linie der überhöhenden Verklärung, verlieh gleichzeitig aber der aus der Sicht der akademischen Kunstlehre »rein abbildenden« Kunst des Porträts durch zusätzliche Elemente der Historienmalerei ein höheres Ansehen.

Die in der Verkleidung vorgegebene konventionelle Rolle der Porträtierten ersetzt in Nattiers Bildnissen die individuelle Charakterisierung. Dafür ist das Bildnis der Duchesse de Chaulnes ein gutes Beispiel. Der Bildraum ist unbestimmt, der realen Welt der Herzogin entrückt, ihre Kleidung »zeitlos« antikisierend. Sie hält in einer Hand eine Kanne, mit der anderen reicht sie Jupiters herbeifliegenden Adler eine Schale mit Nektar. Das Gesicht der Duchesse wirkt in dieser Umgebung etwas maskenhaft und unbewegt. Das sorgfältig ausgearbeitete Bildnis will sich in das locker gemalte mythologische Ambiente nicht so recht integrieren lassen.

Hebe diente den Göttern als Mundschenk. Ihr Nektar verlieh ihnen ewiges Leben. Sie selbst galt als Göttin der ewigen Jugend und wurde Herkules zur Frau gegeben, als er in den Olymp aufgenommen wurde. Für eine Dame der höheren Gesellschaft war das eine beliebte Rolle: sich, gefeit vor dem Altern, in vertrauter Beziehung zum Herrscher und mit einem Helden an der Seite zu sehen!

Mit dem beginnenden Klassizismus sank Nattiers Popularität rasch. In seinen Bildnissen vermisste man nun Individualität und Charakter, seine Verkleidungen wurden als leere Rhetorik abgelehnt.

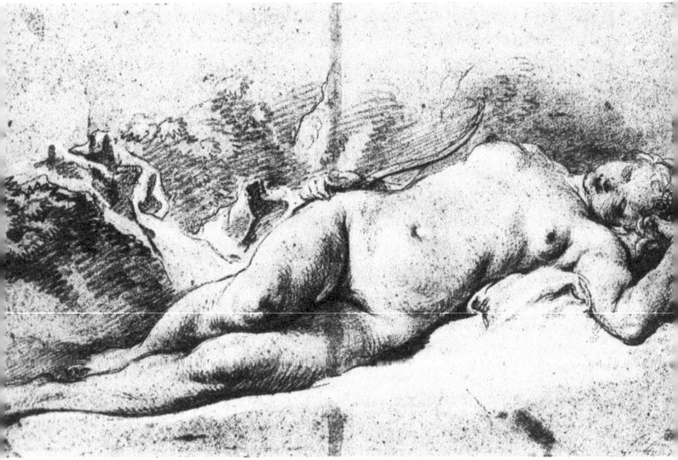

François Boucher: Schlafende Diana
Rötelzeichnung, um 1750 (Paris, Louvre)

François Boucher: Schlafende Diana

Diana wird in der antiken Überlieferung als keusche und strenge Jägerin beschrieben. Ihr Attribut ist der Bogen, dazu oft auch ein Hirsch. Kennzeichnend für ihre Wesensart sind die Episoden mit Aktäon, den sie in einen Hirsch verwandelte, weil er sie und ihre Nymphen beim Baden überraschte, und mit der Nymphe Callisto, die, von Jupiter geschwängert, aus ihrem Kreis verstoßen wurde. Dementsprechend wird Diana selten nackt und verführerisch dargestellt.

Vor diesem Hintergrund ist Bouchers Zeichnung bemerkenswert. Die Göttin schlummert, nackt und in fast exhibitionistischer Haltung auf einer Decke hingestreckt. Im rechten Arm hält sie ihren Bogen. Flüchtig angedeutetes Blattwerk zeigt, dass sie sich in der freien Natur befindet. Ihre Haltung entspricht einem verbreiteten Typus erotisch betonter Aktdarstellungen. Die virtuose Rötelzeichnung mit ihren effektvollen Weißhöhungen macht das Blatt zu einem Paradestück sensualistischer Kunst und lässt das eher konventionelle Motiv in den Hintergrund treten. Bleibt die Frage, warum Boucher den Akt als Diana, und nicht etwa als einfache Nymphe gekennzeichnet hat. Vermutlich interessierte er sich nicht in erster Linie für die antike Göttin, wohl aber für den Kontrast zwischen ihrer Keuschheit und der frivolen Präsentation. Boucher versetzt den Betrachter der Zeichnung gewissermaßen in die Situation eines Aktëon und lässt ihn einen Hauch von dem prickelnden Gefühl des Voyeurs beim Betrachten des Verbotenen spüren.

Boucher kann als der führende Maler des französischen Rokoko gelten. In großer Zahl produzierte er Gemälde mit mythologischen Themen, die in ihrem Charakter mit unserer Zeichnung zu vergleichen sind. Wie wenige andere hat er die Vorstellung vom frivol-unmoralischen Rokoko geprägt.

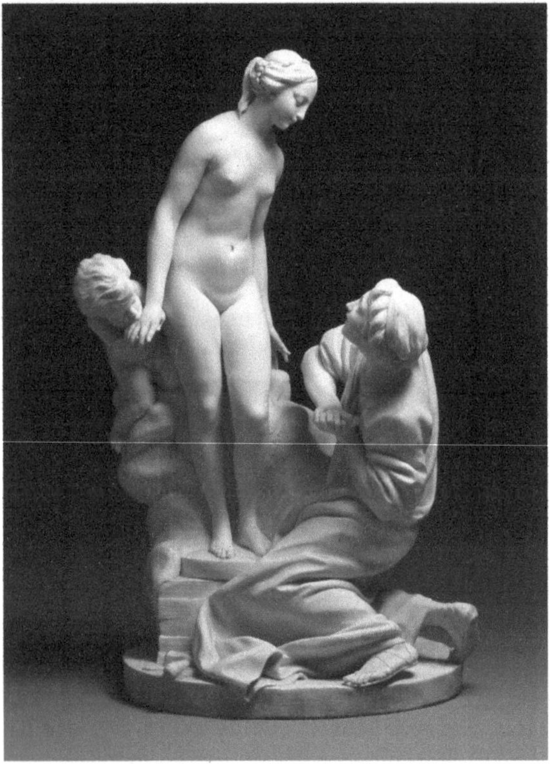

Étienne M. Falconet: Pygmalion und Galatea
Marmor, 1761 (Paris, Musée des Arts Décoratifs)
Foto: akg-images

Q: Ovid, Met. X,243–294

Étienne M. Falconet: Pygmalion und Galatea

Pygmalion war ein geschickter Bildhauer. Als er einmal eine besonders schöne Statue einer nackten Frau aus Elfenbein geschaffen hatte, verliebte er sich in sie. Beim Opferfest der Göttin Venus bat er diese, sie möchte ihm eine Frau geben, die ebenso schön sei wie seine Skulptur. Venus erhörte seine Bitte, und als Pygmalion nach Hause kam und wie gewohnt seine Statue küsste und liebkoste, verwandelte sie sich unter seiner Berührung in eine Frau aus Fleisch und Blut. Als Beispiel künstlerischer Schöpferkraft ist dieses Motiv bis in moderne Zeit oft dargestellt worden.

Wie die meisten Künstler weicht Falconet in seiner Darstellung von der Geschichte, wie sie bei Ovid erzählt wird, ab, indem er die Verwandlung der Skulptur unter den Händen des Künstlers noch bei der Arbeit stattfinden lässt. Galatea steht auf einer Plinthe und blickt mit gesenkten Lidern zum Künstler herab. Ein Putto, vielleicht ein Bote der Göttin Venus, küsst ihr die Hand, wie um ihr Leben einzuflößen. Pygmalion ist vor ihr auf die Knie gefallen, er hat sein Werkzeug weggelegt und faltet, vom Anblick seines Werkes entzückt, die Hände. Die drei Figuren bilden zusammen eine allansichtige Gruppe. Dem entspricht auch die Platzierung der Skulptur auf einer drehbaren Plinthe.

Durch die Bearbeitung des Marmors entsteht der Eindruck, die Verwandlung Galateas selbst miterleben zu können. Falconet lässt den Stein wie weiche Haut erscheinen, Pygmalions Bewegung und Gesichtausdruck sind voller Leben. Auch wenn der Künstler, der sich in späteren Werken dem Klassizismus zuwandte, mit dieser Arbeitsweise noch in der Tradition der Barockskulptur stand, darf die idyllische Komposition mit ihren anmutigen Figuren als ein Hauptwerk des französischen Rokokos gelten.

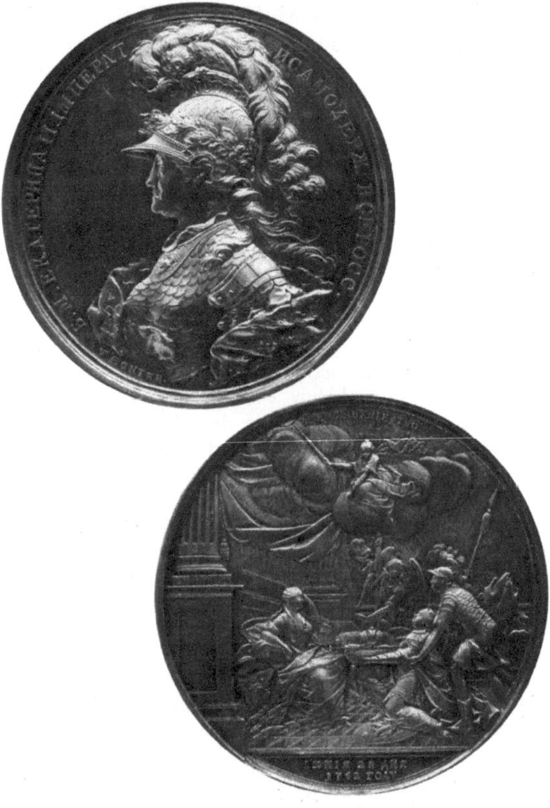

Johann Georg Wächter:
Katharina II. von Russland als Minerva
Medaille in Erinnerung an ihre Übernahme der Regentschaft
1762

Johann Georg Wächter: Katharina II. von Russland als Minerva

Standen männlichen Herrschern viele antike Helden und Götter zum schmeichelhaften Vergleich zur Auswahl, gab es für eine Herrscherin bedeutend weniger Alternativen. Als besonders geeignet erwies sich die Göttin Minerva. Sie war die Tochter Jupiters, des Herrschers auf dem Olymp und vereinte in ihrer Person Stärke, Kampfesmut und Klugheit. Zudem war sie keusch und keinem Mann untertan.

Als eine Medaille zur Erinnerung an Katharinas Übernahme der Regierung 1762 geprägt werden sollte, schien es daher, wie ein Zeitzeuge berichtet, nur natürlich, sie als Minerva darzustellen, um deutlich zu machen, welche Eigenschaften man in der neuen Herrscherin erkannte. Wahrscheinlich stammte die Idee von Katharina selbst; sie soll stets großen Anteil am Entwurf der Medaillen genommen haben. Der Künstler hat großen Wert auf die Ähnlichkeit des Porträts mit der Kaiserin gelegt. Der Schuppenharnisch mit der Gorgonenmaske auf der Brust und der von einer Eule gekrönte und mit Straußenfedern geschmückte Helm markieren aber eindeutig ihre mythologische Verkörperung. Anders Katharinas offen getragene Haare: So hat sie sich auch auf anderen Bildern, die sich auf ihren Staatsstreich beziehen, darstellen lassen. Als »männliches« Motiv sind sie ein stolzes Zeichen ihrer Souveränität. Auf der Kehrseite der Medaille empfängt die Kaiserin, hier in idealisiertem Krönungshabit gekleidet, aus den Händen einer von Merkur geleiteten Personifikation des Reiches die Kaiserkrone. Aus dem Himmel kommt göttlicher Segen. Die Umschrift lautet: Dies ist Deine Rettung, wobei »Deine« auf das Reich zu beziehen ist.

Zum 10-jährigen Jubiläum der Machtergreifung Katharinas wurde die Medaille auf goldene Schnupftabakdosen montiert und an diejenigen verteilt, die sie beim Staatsstreich unterstützt hatten.

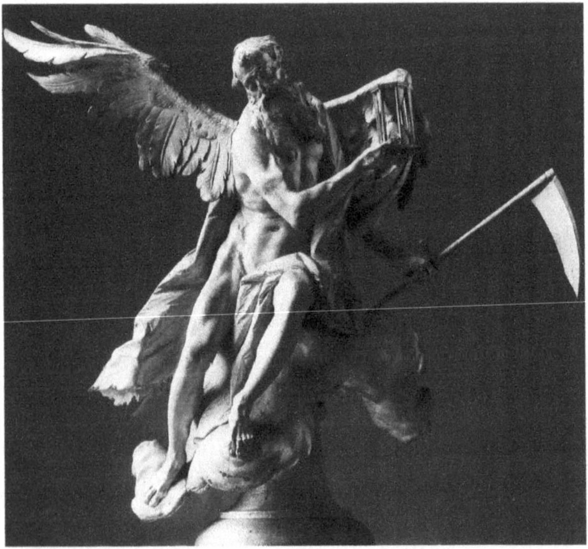

IGNAZ GÜNTHER: Chronos (Saturn)
Holz, 1765–70
(München, Bayerisches Nationalmuseum)

Ignaz Günther: Chronos (Saturn)

Chronos als bärtiger alter Mann mit Sense und Stundenglas gehört zu den antiken Gestalten, deren Bedeutung auch heute noch ohne weiteres verstanden wird. Dabei handelt es sich um eine sehr komplexe Figur mit einer interessanten Geschichte. Eine genaue Entsprechung in der antiken Mythologie und Kunst hat sie nicht, die ›die Zeit‹, *kairos*, meist als beflügelten Jüngling darstellt und als solchen ungeteilt positiv einstuft. Mit dem grimmigen Sensenmann, der an Tod und Vergänglichkeit erinnert, hat *kairos* keine Ähnlichkeit.

Die Römer haben den griechischen Gott Kronos mit ihrem Gott Saturn identifiziert. Dieser wurde in der Regel als alter Mann und, da er zugleich ein Erntegott war, mit einer Sichel als Attribut dargestellt. Mit den Vorstellungen vom Verlauf der Zeit hatte weder er noch der griechische Kronos zunächst etwas zu tun. Schon in der Antike führte aber die Ähnlichkeit des Namen Kronos mit dem griechischen Wort für Zeit, ›chronos‹, dazu, dass ein zeitlicher Aspekt mit ihm verknüpft wurde. Im Mittelalter kam es dann zu einer Verschmelzung der Ikonographie Saturns mit der antiken Personifikation der Zeit, von der Saturn die Flügel übernahm. Oft wird seine Bedeutung noch durch ein Stundenglas verdeutlicht.

Schließlich wurden auch die geläufigen Motive des Saturnmythos neu interpretiert. Die Sichel – oft durch die modernere Sense ausgetauscht – stand nun für das Hinmähen, das Auslöschen alles Lebenden. Das Verschlingen der eigenen Kinder erinnerte daran, dass die Zeit alles zunichte macht, was sie geschaffen hat. Sogar das Alter Saturns wird aus dieser Perspektive zu einem Memento mori.

Ignaz Günther war der bedeutendste Bildschnitzer des süddeutschen Rokoko. Er ist vor allem durch seine ausdrucksvollen religiösen Figuren bekannt. Anatomisch durchgearbeitete Aktfiguren wie diese bilden in seinem Werk eine Ausnahme.

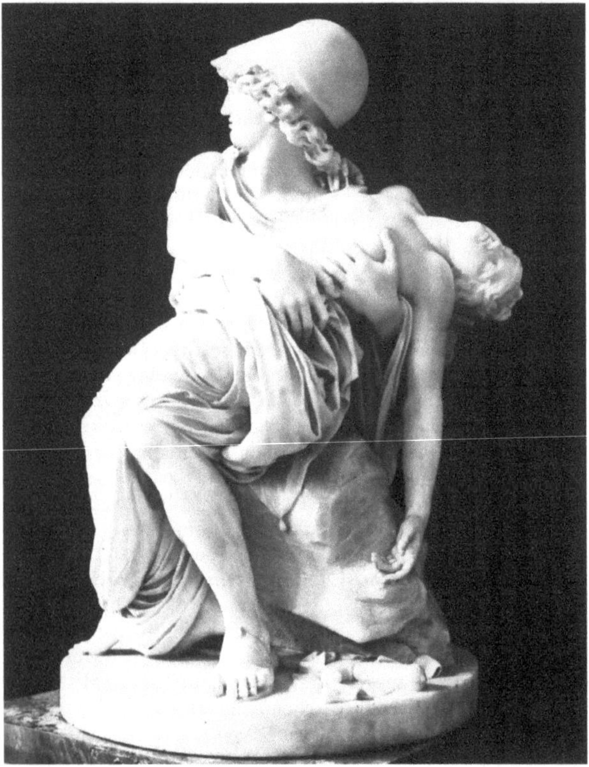

JOHAN TOBIAS SERGEL: Mars und Venus
Marmor, 1771/72
(Stockholm, Nationalmuseum)

Q: Homer, Ilias V,334–362

Johan Tobias Sergel: Mars und Venus

Im fünften Gesang der *Ilias* wird erzählt, wie Venus ihrem in Todesgefahr schwebenden Sohn Aeneas zu Hilfe eilt und dabei selbst von Diomedes verletzt wird. Klagend verlässt sie das Schlachtfeld. Sie findet Mars, hier als ihr Bruder bezeichnet, und bittet ihn, ihr sein Gespann zu überlassen, damit sie zum Olymp zurückkehren kann.

Wenn Sergel diese Episode zum Thema einer großen Skulptur wählte, lag der Reiz für ihn sicher auch darin, dass es selten dargestellt war. Die Ehrfurcht vor der antiken Quelle hinderte ihn allerdings nicht daran, den Charakter der bei Homer recht harmlosen Szene zu verändern. Sergels Venus bittet nicht um Hilfe, vielmehr ist sie bewusstlos zusammengebrochen und wird von Mars aufgefangen. Er hält sie in seinen Armen und blickt entschlossen über die Schulter, wie auf herannahende Feinde, vor denen er sie retten will. Obwohl Mars und Venus hier nicht als Liebespaar dargestellt sind, ist der erotische Charakter der Komposition nicht zu übersehen.

Sergel schuf diese Komposition in Rom. Trotz der vom Medium verlangten Zurückhaltung, spürt man in ihr eine ähnliche Expressivität, wie in den Werken seiner Freunde Füßli und Abildgaard. Formal gesehen knüpft Sergel an eine berühmte antike Skulptur, die sogen. *Menelaos mit der Leiche des Patrokolus*, an. Da man in dieser Skulptur eine zentrale Szene aus den Kämpfen um Troja zu erkennen meinte, bot sie sich als Vorbild an. Es ging aber Sergel nicht darum, die antike Skulptur nachzuahmen. Mit seiner viel dichteren, vielansichtigen Komposition und mit der Betonung des Gegensatzes von Männlich und Weiblich veränderte er sein »Vorbild« mit dem Ziel, es zu übertreffen. Neben dem Aufgreifen von originellen Themen war ein solches bewusstes Kräftemessen ein Mittel, inmitten der intensiven künstlerischen Konkurrenz sich zu behaupten und die Aufmerksamkeit der Kenner auf sich zu ziehen.

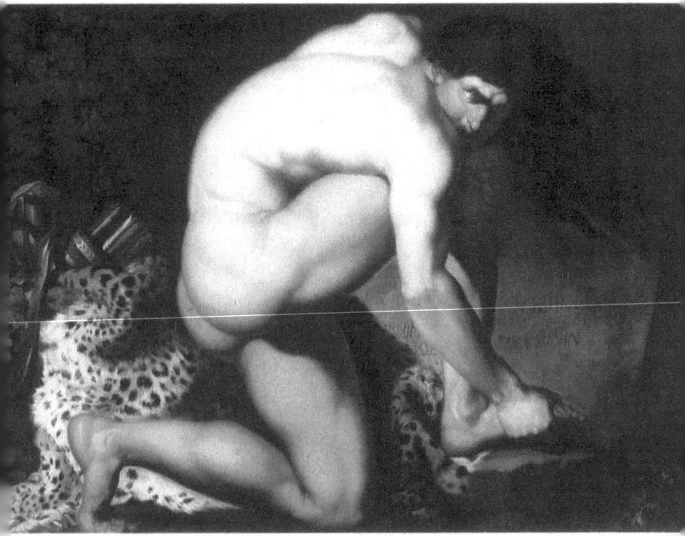

Nicolai Abildgaard: Philoktet
Öl auf Leinwand, 1775
(Kopenhagen, Statens museum for kunst)

Q: Apollodorus XII,3,27

NICOLAI ABILDGAARD: Philoktet

Als Philoktet mit den Griechen gegen Troja zog, wurde er von einer Schlange in den Fuß gebissen. Da die Wunde nicht heilte und die Kameraden seine Schmerzensschreie nicht ertragen konnten, ließen sie ihn auf einer Insel zurück.

Der im Schmerz verkrampfte Körper Philoktets droht den engen Bildrahmen zu sprengen, die verzerrte Physiognomie bringt sein Leiden anschaulich zum Ausdruck. Formal gesehen verrät das Bild Abildgaards Studium von Michelangelos Kunst. Die illusionistische Wiedergabe des Pantherfells, die Darstellung des vor Schmerz verzerrten Gesichtes sowie die Platzierung der Gestalt vor einem dunklen Hintergrund erinnern dagegen an die Kunst Caravaggios.

Abildgaard malte das Bild während seiner Stipendiatenzeit in Rom und sandte es der Akademie als Beweis für seine Fortschritte. Als Quelle des seltenen Motivs nannte er die Tragödien von Aischylos und Euripides. Damit unterstrich er seinen Bezug zu den griechischen Quellen.

Die Gestalt des Philoktet war durch Winckelmann und Lessing aktuell. In ihrer Diskussion darüber, wie die antiken Dichter und Künstler Schmerz und Leiden dargestellt haben, wird Philoktet mit Laokoon gleichgesetzt. Wenn Winckelmann (1755) mit Hinweis auf die antike Laokoonskulptur behauptet, dass die Griechen Affekte nur sehr verhalten darstellten, hält ihm Lessing (1766) entgegen, dass die griechischen Dichter sehr wohl zu drastischen Darstellungen neigten, waren doch Philoktets Schmerzensschreie für seine Kameraden so unerträglich, dass sie ihn aussetzten. In den eher situations- als handlungsorientierten bildenden Künsten hielt aber auch er emotionale Zurückhaltung für angemessen. Abildgaards Gemälde scheint dagegen beweisen zu wollen, dass die Wiedergabe von extremen Gefühlen in der Kunst möglich ist, ohne das Gebot der Schönheit zu verletzen.

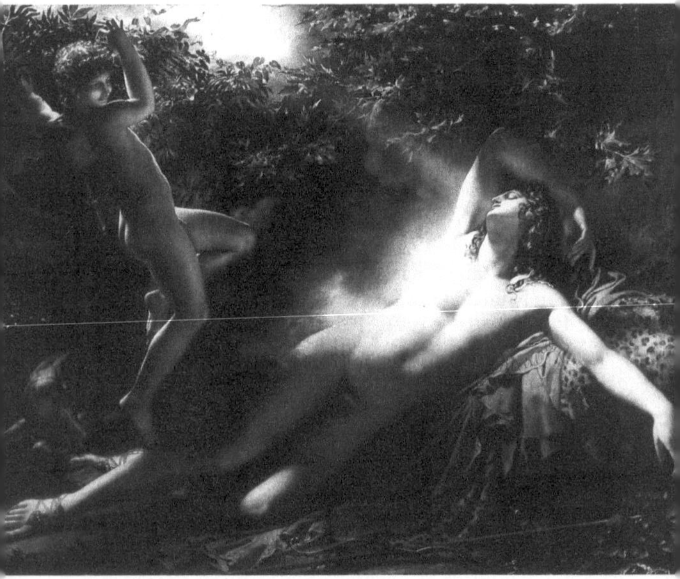

ANNE-LOUIS GIRODET-TRIOSON: Endymion
Öl auf Leinwand, 1791 (Paris, Louvre)

Q: Apollodorus I,7,6;
Cicero, Gespräche in Tusculum I,38

ANNE-LOUIS GIRODET-TRIOSON: Endymion

Endymion war ein Hirte von außergewöhnlicher Schönheit, in den sich die Mondgöttin Diana verliebte. Auf ihre Bitte hin ließ Jupiter ihn sein Schicksal wählen: den ewigen Schlaf in Schönheit und Jugend. Des Nachts besuchte Diana in Gestalt des Mondscheins den schönen Jüngling. Die von Lukian erzählte Geschichte ist seit der Renaissance oft dargestellt worden. Besonderen Anklang fand sie im 19. Jh. wegen der sentimentalen Aspekte der unerfüllten Liebe.

In Girodets Gemälde liegt Endymion vor einem dunklen Gebüsch auf seinem Lager ausgestreckt. Sein Körper ist schlank und von fast femininer, zarter Schönheit. Ihm zu Füßen schläft friedlich sein Hund. Amor zieht die Zweige des Busches zur Seite und lässt den Körper im hellen Mondlicht erstrahlen. Das weiche Mondlicht hüllt die nächtliche Szene in ein stimmungsvolles Sfumato, das ebenso wie die sensuelle Darstellung der Körper an Correggio erinnert und den erotischen Charakter der Szene betont.

Girodet, der ein Schüler Jacques-Louis Davids war, bricht hier radikal mit der nüchternen Ästhetik seines Lehrers und macht sich zum Vertreter einer gefühlsbetonten, romantischen Sicht der Antike. Als Vorbild für den schlafenden Hirten diente ihm eine damals sehr bewunderte antike Statue des Endymion, die er während seiner Zeit als Stipendiat an der französischen Akademie in Rom hatte studieren können, bevor sie vom schwedischen König Gustaf III. erworben und nach Stockholm gebracht worden war. Er malte das Bild in Rom und sandte es 1793 nach Paris, wo es mit großem Erfolg ausgestellt wurde. Nach seiner Rückkehr nach Frankreich arbeitete Girodet überwiegend als Porträtmaler. Er schuf aber auch dramatische Schlachtenbilder, die die Taten Napoleons verherrlichen.

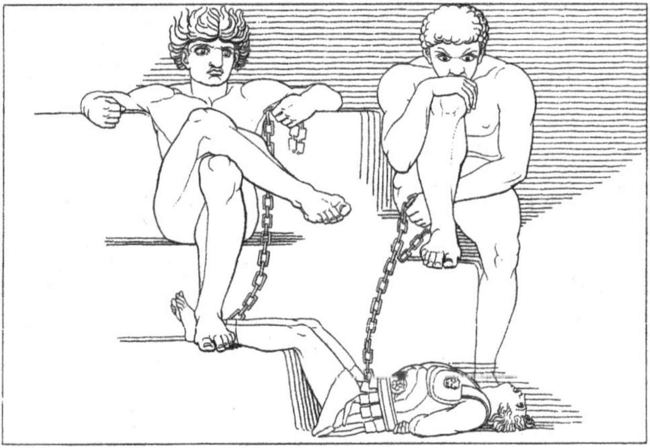

JOHN FLAXMAN: Mars gefesselt
Kupferstich, 1792–94

Q. Homer, Ilias V,385–394;
Homer, Odyssee XI,305–320

John Flaxman: Mars gefesselt

Künstler haben stets ein besonderes Interesse für Szenen gezeigt, in denen der furchterregende Kriegsgott Mars der Unterlegene ist, sei es, dass er vor Venus seine Waffen streckt, sei es, dass er dem eifersüchtigen Vulkan in die Falle gegangen ist. Die hier gezeigte Szene zeigt ebenfalls Mars als hilflosen Gefangenen. Die von Homer in der *Ilias* erzählte Episode ist in der Kunst aber äußerst selten dargestellt worden.

Mars wurde von den Titanen Othus und Ephialtes gefangen genommen. Die Brüder hatten sich beim Aufstand der Titanen gegen die Götter besonders hervorgetan, waren schließlich aber so vermessen, dass sie Juno und Diana zur Frau verlangten. Als Mars sie daraufhin in die Schranken weisen wollte, fesselten sie ihn und hielten ihn viele Monate gefangen, bis er mit Merkurs Hilfe frei kam.

Flaxmans Darstellung der Szene ist ein gutes Beispiel seines linearen Zeichenstils. Die Komposition wirkt statisch, die Figuren sind in reiner Frontal- oder Seitenansicht und mit nur spärlicher Binnenzeichnung wiedergegeben; der Raum ist mit wenigen, parallelen Strichen angedeutet. Das Blatt gehört zu einem Zyklus von Homer-Illustrationen. Die Zeichnungen, die von Tommaso Piroli gestochen wurden, fertigte Flaxman in Rom an. 1793 wurde die Folge publiziert. Sie machte den Künstler in kurzer Zeit in ganz Europa berühmt. Das antikenbegeisterte Publikum sah in ihrer strengen, auf das notwendigste reduzierten Form den Geist des klassischen Griechenland wieder auferstanden.

Flaxman hat seinen oft nachgeahmten lakonischen Zeichenstil, den er später auch in seinen nicht weniger berühmten Dante-Illustrationen verwendete, in Anlehnung an die antike griechische schwarz- und rotfigurige Vasenmalerei entwickelt, deren künstlerische Bedeutung damals gerade entdeckt wurde.

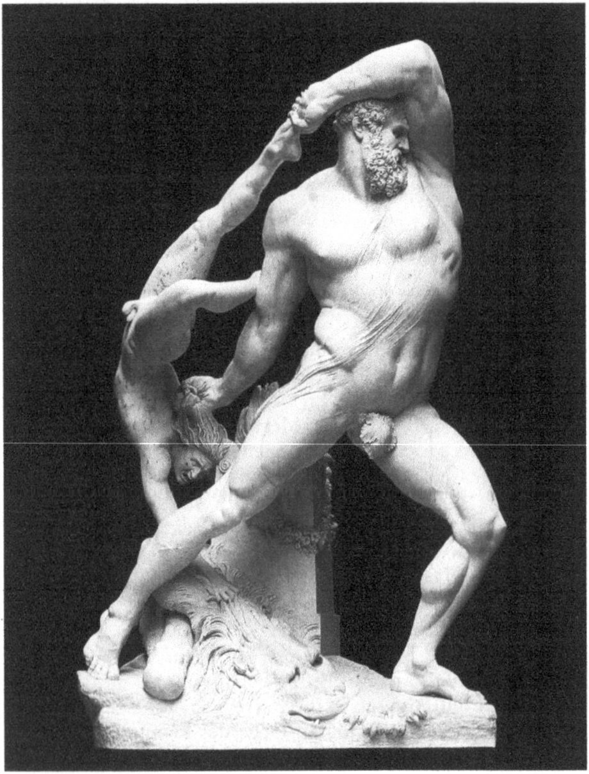

ANTONIO CANOVA: Herkules und Lichas
Marmor, 1795–1815 (Rom, Galleria d'Arte Moderna)

Q: Apollodorus II,7,7; Hyginus, Fab. 36;
Ovid, Met. IX,155–238

Antonio Canova: Herkules und Lichas

Nessus, der Deianeira, die Braut des Herkules, entführte, wurde von diesem mit einem vergifteten Pfeil tödlich verwundet. Sterbend riet er Deianeira, ihr Kleid in sein giftvermengtes Blut zu tauchen und Herkules aus diesem Stoff ein Hemd zu machen, sollte er ihr untreu werden. Sie würde dann seine Liebe zurückgewinnen. So geschah es eines Tages. Sie sandte dem untreuen Ehemann das Hemd. Kaum hatte er es angezogen, brannte sich der Stoff in seinen Körper ein. Wahnsinnig vor Schmerz griff Herkules den Boten, Lichas, und schleuderte ihn zu Tode. Dann suchte er den Freitod auf dem Scheiterhaufen und stieg zu den Göttern in den Olymp auf.

Herkules' Wahnsinnstat wurde selten dargestellt, da sie nicht zur Vorstellung von ihm als Tugendheld passte. Erst mit dem entidealisierten Bild der antiken Mythologie, das die Aufklärung brachte, war eine monumentale Darstellung wie diese denkbar.

Canova stellt einen Moment dar, der ein Höchstmaß an Dramatik enthält. Herkules packt Lichas am Fuß und an den Haaren und holt zum Schleudern aus. Lichas versucht sich an der Mähne des Löwenfells festzuklammern. Die Gesichter beider Gestalten sind von Schmerz, Raserei und Entsetzen entstellt. Welche Absicht der ursprüngliche Auftraggeber, ein Prinz von Aragon aus Neapel, mit der Wahl des Themas verband, ist nicht bekannt. Canova scheint die Herausforderung darin gesehen zu haben, am Beispiel eines ungewöhnlichen Themas in Wettstreit mit den berühmtesten Beispielen der antiken und modernen Kunst zu treten. Die Gruppe ist im tragischen *modus* der Laokoongruppe konzipiert. Herkules ist nach dem Typus des Herkules Farnese modelliert. Mit der virtuosen Behandlung des Marmors, die in der Wiedergabe des dünnen Hemdes, das sich in das Fleisch des Herkules frisst, ihren Höhepunkt findet, scheint Canova Bernini übertreffen zu wollen.

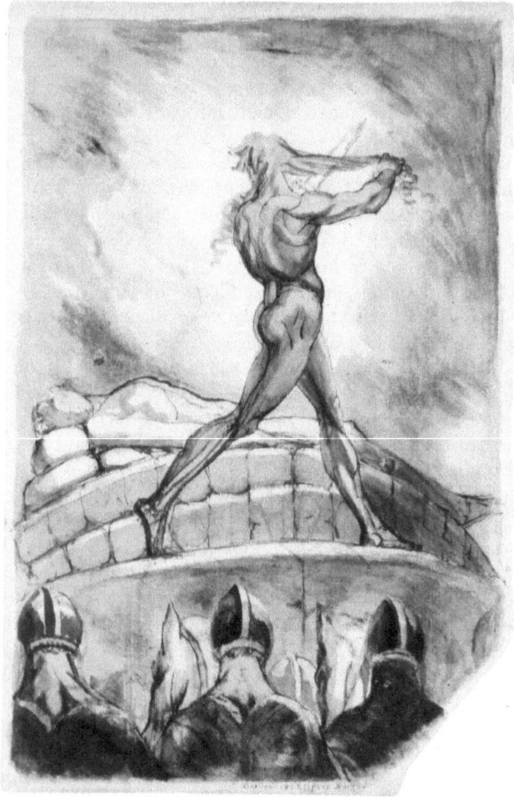

Johann Heinrich Füssli: Achill opfert eine Locke seiner Haare auf dem Leichenfeuer des Patrokolus
Tusche und Aquarell, 1800–05 (Zürich, Kunsthaus)

Q: Homer, Ilias XXIII,138–169

Johann Heinrich Füssli: Achill opfert eine Locke seiner Haare auf dem Leichenfeuer des Patrokolus

Die Szene wird im 23. Gesang von Homers *Ilias* beschrieben. Achilles hatte vor Troja dem Freund Patrokolus seine von Hephaistos gefertigte Rüstung ausgeliehen. Patrokolus fiel im Kampf und der Trojaner Hektor bemächtigte sich der Rüstung. Die Griechen konnten aber die nackte Leiche des Gefallenen bergen, um sie ehrenvoll zu bestatten. Sie wurde auf einen mächtigen Scheiterhaufen gelegt, und Achilles befahl den Soldaten, sich zu versammeln und ihre Waffen anzulegen. Bevor das Feuer entfacht wurde, schnitt sich Achill eine Haarsträhne ab und legte sie als letzte Ehrenbezeugung auf die Leiche.

Diese Szene stellt Füßli in einer seiner eindrucksvollsten Zeichnungen der homerischen Themen dar. Das Blatt ist ein Beispiel für den dynamischen, expressiven Stil, den der Künstler in Rom in den 1770er Jahren zusammen mit seinen Freunden Sergel und Abildgaard entwickelt hatte.

Achill, nackt und in Untersicht gesehen, schreitet weit aus und schneidet mit dem Schwert in großer Geste eine Haarsträhne ab. Sein athletischer Körper zeichnet sich gegen den dramatischen Himmel ab, auf dem die schon aufsteigenden Rauchschwaden angedeutet sind. Vor ihm liegt die Leiche des Patrokolus. Im Vordergrund sieht man behelmte Krieger bei der Wache.

Johann Heinrich Füßli war gebürtiger Schweizer, arbeitete aber ab 1765 in England, wo er sich Henry Fuseli nannte. Von 1770 bis 1778 lebte er in Rom. Seine künstlerische Stärke lag in der Zeichnung, er betätigte sich aber auch als Maler und Kunsttheoretiker. Neben seinen Darstellungen von homerischen Themen sind vor allem seine Illustrationen zu Shakespeare, Milton und zum *Nibelungenlied* zu nennen. Diese Themen und sein expressiver Stil machen Füßli zu einem der wichtigsten Vertreter der Frühromantik.

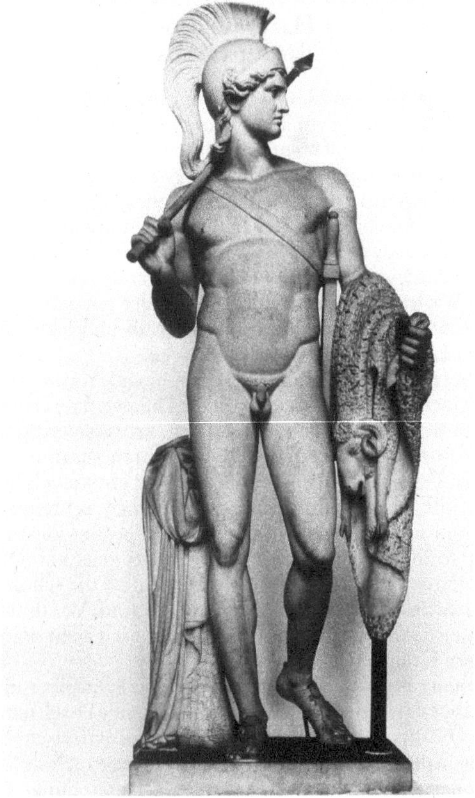

BERTEL THORVALDSEN: Jason
Marmor, 1803–28 (Kopenhagen, Thorvaldsens museum)

Q: Apollodorus I,9,23; Ovid, Met. VII,149–158

Bertel Thorvaldsen: Jason

Die Jason-Sage beschreibt die Fahrt griechischer Helden auf dem Schiff Argo nach Kolchis am Schwarzen Meer, um das Goldene Vlies zu erobern. Mit Hilfe der Königstochter Medea gelang Jason dieser Raubzug. Er kehrte mit Medea nach Griechenland zurück und heiratete sie. Als er ihr später untreu wurde, soll sie aus Rache ihre Kinder getötet haben. Thorvaldsen stellt Jason als triumphierenden Sieger dar. Der junge Held schreitet mit geschultertem Speer in heroischer Nacktheit voran, das eroberte Vlies über den Arm geworfen.

Als Thorvaldsen gegen Ende seiner Stipendiatenzeit in Rom seinen Jason schuf, war das Thema dort sehr aktuell. Sein Freund, der deutsche Maler Asmus Jacob Carstens, hatte sich intensiv mit der Argonautensage auseinandergesetzt, unmittelbar nach seinem Tod 1798 erschien eine Folge von Radierungen nach seinen Zeichnungen. In der Skulptur war das Thema aber neu und bestens geeignet, das Interesse des Publikums zu wecken. Gleichzeitig knüpft die Gestalt Jasons an berühmte antike Skulpturen an wie den *Apollo di Belvedere* oder die *Dioskuren* auf dem Quirinal. Wichtig für Thorvaldsen war auch der Wettstreit mit Antonio Canovas *Perseus*, der den von Napoleon nach Frankreich entführten *Apoll* im Vatikan ersetzte. Für Künstler und Kunstinteressierte in Rom waren solche Auseinandersetzungen oft wichtiger als die exakte Interpretation der antiken Stoffe.

Thorvaldsens Jason wurde ein durchschlagender Erfolg. Zu verstehen ist er vor dem Hintergrund der seit J. J. Winckelmann erwachten Begeisterung für die griechische Antike und der damit zusammenhängenden Suche nach dem »echten« griechischen Stil. Die Zeitgenossen nannten Jason »das jüngste antike Meisterwerk« und sahen in ihm die Wiedergeburt des Geistes der griechischen Klassik. Die Ausführung in Marmor zog sich 25 Jahre hin.

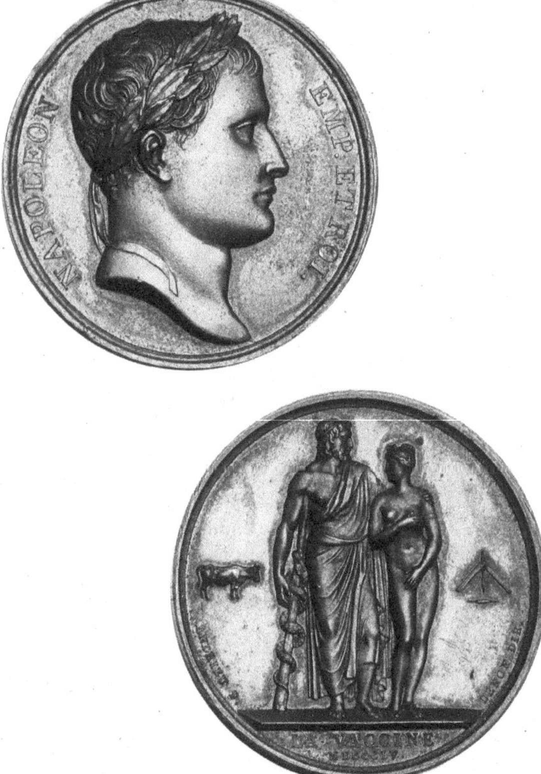

Bernard Audrien nach A.-D. Chaudet:
Äskulap (Asklepios) und Venus
Medaille, 1804

Bernard Audrien nach A.-D. Chaudet: Äskulap (Asklepios) und Venus

Mehr als jeder Herrscher vor ihm ließ Napoleon I. seine Taten in Medaillen verewigen. 1803 erhielt Dominique-Vivant Denon, Direktor der Monnaie des Medailles, der staatlichen Prägestätte für Medaillen, den Auftrag, für eine systematische Dokumentation der wichtigsten politischen Ereignisse seiner Regierungszeit zu sorgen.

Die Äskulap-Medaille ist ein Beispiel dafür, wie weit Denon seine Aufgabe fasste. Nicht nur Siege und Eroberungen wurden dokumentiert, sondern auch kulturelle und wissenschaftliche Errungenschaften. Die Medaille erinnert an die Gründung der Gesellschaft zur Förderung der Pockenimpfung 1804 und wurde an Ärzte und andere, die sich um die Impfung verdient machten, vergeben. Die Vorderseite der Medaille zeigt das Porträt Napoleons. Auf der Rückseite sind Äskulap, der antike Gott der Heilkunst, und die Göttin Venus dargestellt. Unter ihnen die lapidare Inschrift: LA VACCINE MDCCCIV (»Die Impfung 1804«).

Äskulap fasst Venus beschützend um die Schultern. Sie repräsentiert die Menschheit, die durch die Impfung geschützt werden soll. Dass gerade die Göttin der Schönheit diese Rolle übernimmt, ist angesichts der entstellenden Wirkung der Pockennarben nachvollziehbar. Neben Äskulap ist eine kleine Kuh dargestellt, als Hinweis darauf, dass der Impfstoff aus der Lymphe von Kuhpockenblasen gewonnen wurde. Neben Venus ist ein Ritzmesser und ein Röhrchen zur Aufbewahrung des Impfstoffes zu sehen.

Beide Gestalten sind in der Art antiker Standbilder modelliert. Das Vorbild der Venus ist die berühmte Venus Medici, die 1803 als Kriegsbeute nach Paris gelangt war. Äskulap, nach der Überlieferung Apolls Sohn, wird als älterer bärtiger Mann dargestellt. Sein Attribut ist ein Stock, um den sich eine Schlange windet, der noch heute als Symbol für den Arztberuf steht.

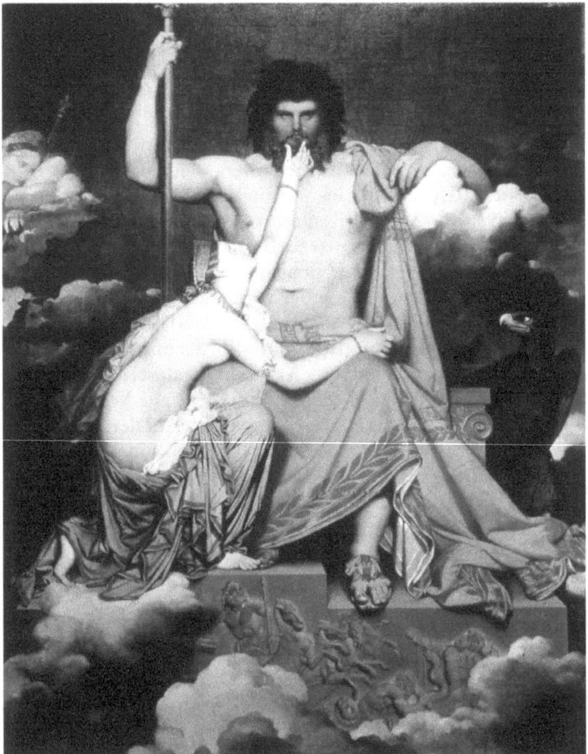

JEAN-AUGUSTE-DOMINIQUE INGRES: Jupiter und Thetis
Öl auf Leinwand, 1811 (Aix-en-Provence, Musée Granet)

Q: Homer, Ilias I,493–510

Jean-Auguste-Dominique Ingres: Jupiter und Thetis

Im ersten Gesang von Homers *Ilias* wird erzählt, wie Achill und Agamemnon in Streit geraten. Agamemnon hatte sich geweigert, die schöne Chryseïs, die Tochter eines trojanischen Priesters, die ihm als Beute zugefallen war, an ihren Vater zurückzugeben. Als Strafe sandte Apoll mit seinen Pfeilen den Griechen die Pest. Agamemnon sah sich gezwungen, die junge Frau zurückzugeben, verlangte aber von Achill dessen Geliebte, Briseïs als Entschädigung. Achill musste nachgeben und zog sich aus Groll zurück. Um sich zu rächen, bat er seine Mutter, die Meeresgöttin Thetis, Zeus zu überreden, die Trojaner im Kampf gegen die Griechen zu begünstigen.

Ingres gibt die Szene wider, in der Thetis mit einschmeichelnden Worten und Gebärden Zeus überredet, seine Neutralität aufzugeben. Sie kniet vor ihm, legt eine Hand auf sein Knie und berührt mit der anderen zärtlich sein Kinn. Zeus blickt dabei mürrisch drein; ihm ist die Aufwartung gar nicht lieb, zumal er weiß, wenn er dem Drängen der schönen Bittstellerin nachgibt, dass er sich Ärger mit Hera einhandelt, die mit den Griechen sympathisiert. Am Sockel des Throns zeigt ein Relief ihn im Kampf gegen die Giganten – es verweist darauf, dass Zeus sich dem Wunsch der Thetis nicht verschließen wird.

Die Darstellung lehnt sich eng an antike Vorbilder an. Dabei hat Ingres sich um Texttreue bemüht, die entsprechenden Verse Homers lesen sich wie eine Beschreibung des Bildes. Ingres malte das Bild am Ende der Zeit, die er als Stipendiat an der französischen Akademie in Rom (1806–11) verbrachte und reichte es als sein Abschlusswerk ein. Er verband damit große Hoffnungen, die Reaktionen in Paris waren aber sehr ernüchternd: dem Bild fehle es »insgesamt an Erfindungsgabe« und das Kolorit sei »schwächlich und eintönig«, heißt es im Gutachten der Akademie.

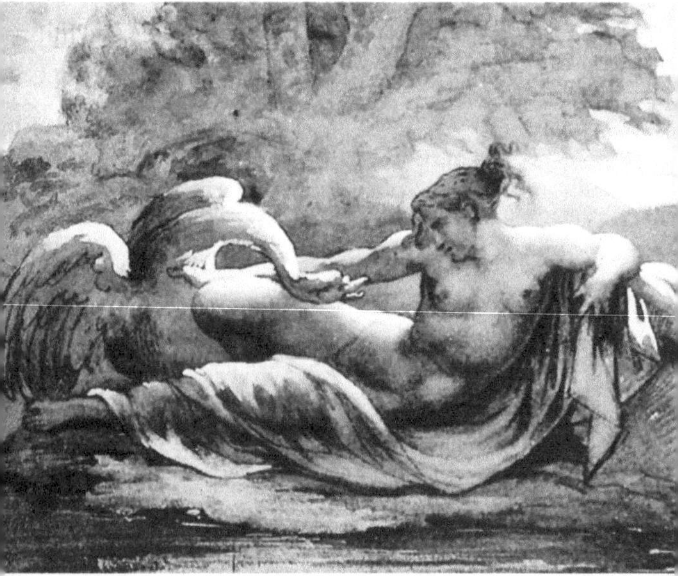

Théodore Géricault: Leda mit dem Schwan
Zeichnung, 1816–17 (Paris, Louvre)

Q: Hyginus, Fab. 77; Ovid, Met. VI,109

Théodore Géricault: Leda mit dem Schwan

Jupiter stellte Leda, der Gattin des Königs Tyndaris nach. Er verwandelte sich in einen Schwan und näherte sich ihr, wie um in ihrem Schoß Schutz zu suchen. Sie gebar ein Ei, aus dem die Zwillinge Castor und Pollux schlüpften. Nach einer anderen Überlieferung gebar sie noch ein zweites Ei, aus dem die schöne Helena schlüpfte.

Die Vereinigung von Leda mit dem Schwan gehört seit der Renaissance zu den häufig dargestellten mythologischen Motiven. Berühmt war ein oft kopiertes, verloren gegangenes Gemälde von Michelangelo, von dem Gericault wahrscheinlich eine Kopie kannte. Die Zeichnung ist während Gericaults Aufenthalt in Italien 1816–17 entstanden. Sie ist in raffinierter Mischtechnik ausgeführt und als eigenständiges Kunstwerk, nicht als Vorstudie für ein Gemälde zu verstehen.

Von den damals üblichen Darstellungen des Themas unterscheidet sie sich durch die dramatische und wenig sensuelle Auffassung. Der Schwan wirkt in seiner Annäherung fast aggressiv. Leda erinnert mit ihrem kraftvollen Körperbau an eine Figur Michelangelos, mit dessen Werken Gericault sich intensiv auseinandersetzte. Die spannungsreiche Stimmung der Zeichnung ist aber nicht auf Michelangelo zurückzuführen. Die Szene ist in tiefen Schatten gehüllt, nur einzelne Partien werden von Streiflichtern erhellt. Die kraftvollen Pinselstriche geben der Darstellung einen fast wilden, schicksalhaften Charakter; dabei ist in den fein abgestuften Grautönen der Schatten die Subtilität der Zeichnung nicht zu verkennen.

Ziel des Künstlers war es nicht, eine pikante erotische Szene in mythologischem Gewand darzustellen. Er vermied alle genrehaften Züge, um die Begegnung von Leda und dem Schwan mit stilistischen Mitteln auf eine quasi heroische und dem Mythos gemäße Ebene zu heben.

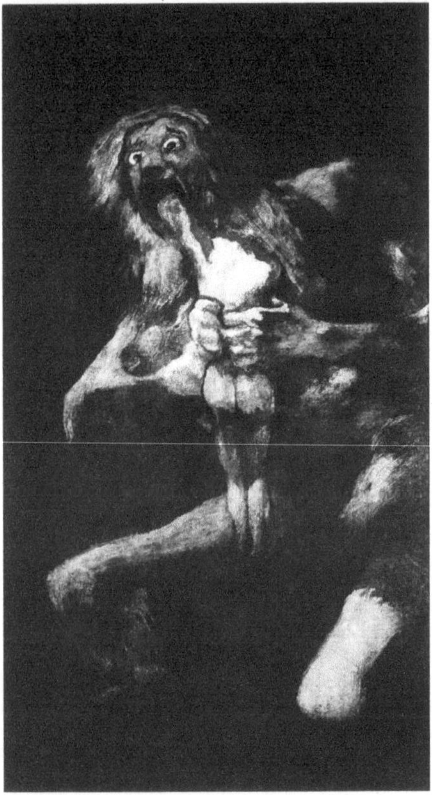

Francisco de Goya: Saturn verschlingt sein Kind
Öl, auf Leinwand übertragen, 1821–23 (Madrid, Prado)

Q: Apollodorus I,1,6 f.; Hesiod, Theogonie 453–491;
Hyginus, Fab. 139

Francisco de Goya: Saturn verschlingt sein Kind

1819 erwarb Goya ein Haus vor den Toren Madrids. Er stattete es mit Wandbildern aus, die wegen ihres düsteren Kolorits als die »pinturas negras« bekannt geworden sind. Zu ihnen gehört auch das Bild des Saturn, das befremdlicherweise seinen Platz im Esszimmer hatte. Wie die übrigen »schwarzen Gemälde« auch, ist das Bild in grober Manier und unter Vernachlässigung der Anatomie und aller überlieferten Vorstellungen von der antiken Götterwelt gemalt worden. Saturn ist ein Ungeheuer, ohne einen Hauch von olympischem Ebenmaß, das auch den drastischsten Darstellungen des Gottes sonst nie fehlt. Mit weit aufgesperrten Mund und verdrehten Augen ist er dabei, eines seiner Kinder auf brutale Art zu verschlingen.

Saturn ist einer der ältesten antiken Götter. Er war der Sohn von Uranos und Gaia. Mit Hilfe der Mutter entmannte er seinen Vater und machte sich selbst zum Herrscher des Universums. Aus Angst davor, dass ihn dasselbe Schicksal treffen könnte wie seinen Vater, verschlang er seine eigenen Kinder gleich nach ihrer Geburt. Als Zeus geboren werden sollte, zog sich Rhea, seine Frau, nach Kreta zurück und gebar dort im Geheimen das Kind. Dem Vater gab sie einen in Windeln gewickelten Stein zu essen.

Darstellungen von Saturn, der sein Kind verschlingt, sind seit der Renaissance bekannt. Sie symbolisieren in der Regel die alles verzehrende Zeit. Ihr allegorischer Charakter mildert meist die Grausamkeit der Szene. Goyas Darstellung beweist seine erstaunliche Unabhängigkeit von allen künstlerischen Konventionen. Er hat die Szene in ihrer ganzen Schrecklichkeit ohne Rücksicht auf überlieferte Muster umgesetzt. Goya war vor allem Porträtmaler, hat aber auch Genreszenen und Historienbilder gemalt. Als Radierer zählte er zu den ganz Großen. Mythologische Themen kommen in seinem Werk selten vor.

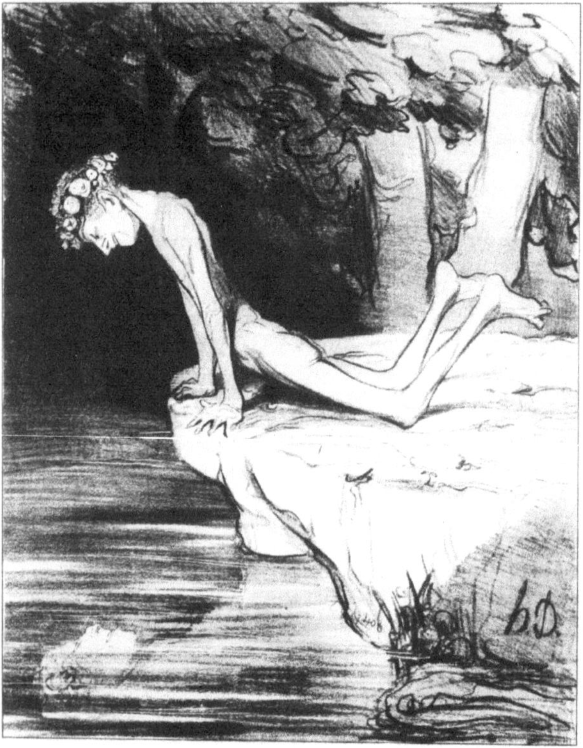

Honoré Daumier: Narziss
Lithographie, publiziert in *Le Charivari*, 11. September 1842
Q: Ovid, Met. III,402–436

Honoré Daumier: Narziss

Der schöne Jüngling Narziss wurde von der Nymphe Echo geliebt. Aus Angst davor, sich ihr hinzugeben, wies er ihre Liebe zurück. Die Rachegöttin Nemesis hörte die Klage der Enttäuschten und ersann eine Strafe. Als Narziss an eine Quelle kam und daraus trinken wollte, entdeckte er sein eigenes Spiegelbild und verliebte sich darin. In dem hoffnungslosen Begehren, das Bild zu besitzen, siechte er dahin, starb und wurde in die Blume verwandelt, die seinen Namen trägt.

Die psychologische Tiefe und Tragik des Mythos haben Ovid zu einigen der schönsten Versen seiner *Metamorphosen* inspiriert. In der Kunst wird Narziss als anmutiger, verträumter Jüngling dargestellt, meist mit einem Hauch von Melancholie. Solche Darstellungen nimmt Daumier mit seiner Lithographie aufs Korn. Er mokiert sich über jegliche Idealisierung und zeichnet Narziss als einen schmalbrüstigen, hageren Jüngling, der an einem Teich sein Spiegelbild eitel bewundert – und verzichtet damit auf alle tiefere Aspekte der Erzählung. Sein Spott gilt der damals im Bildungsbürgertum verbreiteten sentimentalen Idealisierung der antiken Helden und Götter. Narziss' Schicksal wird aber auch mit der allgemeinen Eitelkeit der Menschen in Verbindung gesetzt. »Der schöne Narziss ... liebte es, wie wir, seine Züge im Spiegel der Quelle zu betrachten«, lautet der Text zu dem Blatt.

Die Lithographie gehört zu einer Folge, die Daumier in der satirischen Zeitschrift *Le Charivari* unter dem Titel »Histoire ancienne« publizierte. Seit Anfang der 1830er-Jahre arbeitete er als Zeichner für die illustrierte Presse. Sein Medium war vor allem die Lithographie, die es ihm ermöglichte, die Spontaneität der Zeichnung direkt in den Druck zu übertragen. Berühmt geworden sind vor allem seine satirischen Abrechnungen mit Militär, Justiz, Kirche und dem König. 1831 musste er dafür sogar ins Gefängnis.

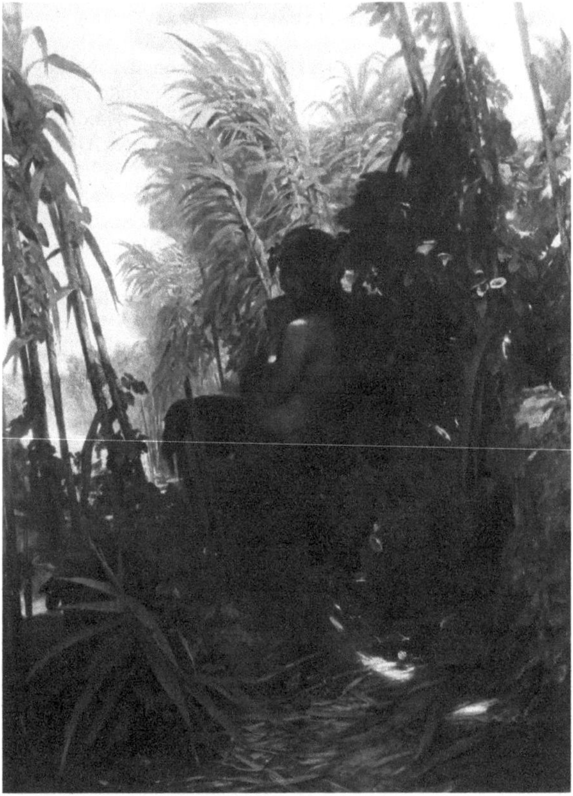

ARNOLD BÖCKLIN: Pan im Schilf
Öl auf Leinwand, 1858
(München, Bayerische Staatsgemäldesammlungen)

Q: Ovid, Met. I,702–712

Arnold Böcklin: Pan im Schilf

Pan ist ein Hirtengott. Den Satyrn ähnlich, wird er als Mischwesen dargestellt. Sein Oberkörper ist menschlich, das Gesicht hat oft ziegenähnliche Züge. Bocksbeine und meist auch Hörner verkörpern die triebhaften Kräfte der Natur. Sein sexueller Appetit ist ungehemmt, in der Kunst der Renaissance und des Barock sieht man ihn ständig den Nymphen nachstellen. Am bekanntesten ist seine unglückliche Liebe zur Nymphe Syrinx. Um sie vor seiner Zudringlichkeit zu retten, verwandelten die Flussnymphen sie in ein Schilfrohr. Der enttäuschte Verfolger schnitt sich daraus eine Rohrflöte, die den Namen der Nymphe erhielt. Seitdem ist die Syrinxflöte das Attribut Pans.

Böcklin mag an diese Situation gedacht haben, als er seinen Pan malte, wie er, vom Betrachter abgewandt, im meisterlich wiedergegebenen Schummerlicht des dichten Schilfs auf seiner Flöte spielt. Nicht das Anekdotische, sondern die Stimmung der Natur ist das eigentliche Thema dieses Bildes. Pan verkörpert sie, sein Flötenspiel ist wie das Säuseln des Windes im Schilf. Der Gott spielt eine wichtige Rolle in der Kunst Böcklins. Er malt ihn raubeinig oder humoristisch, Schrecken verbreitend, friedlich pfeifend oder Flöte spielend. Er ist wie die Natur selbst, heiter oder melancholisch, und als solcher vielleicht auch in gewisser Weise als Alter ego des Künstlers zu verstehen.

Mit der Verbindung von realistischer Landschaftsdarstellung und mythologischer Thematik gelang es Böcklin, der Landschaftsmalerei eine bedeutungsschwere poetische Dimension zu geben und der mythologischen Malerei gleichzeitig zu erneuern. Diese Synthese sollte ihn zu einem der einflussreichsten und am meisten bewunderten Künstler seiner Zeit machen; umso heftiger wandte sich dann später, als die mythologische Thematik unter dem Einfluss der Freilichtmalerei und des Impressionismus als obsoleter Ballast empfunden wurde, die Opposition gegen ihn.

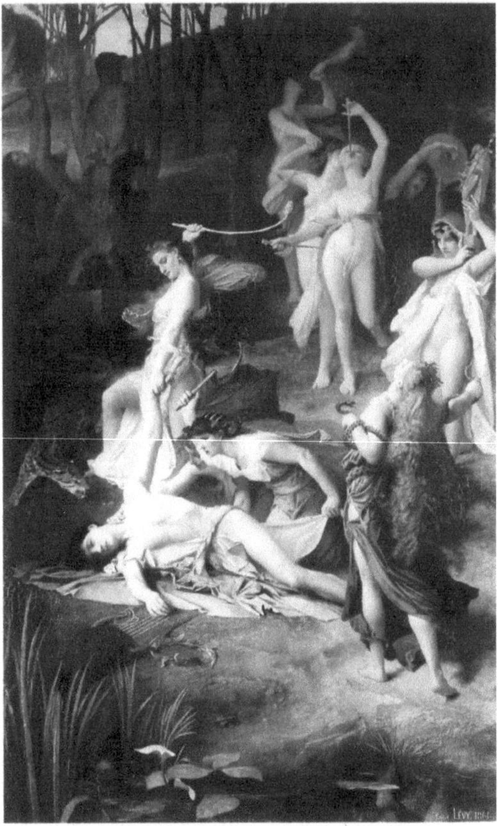

Émile Lévy: Tod des Orpheus
Öl auf Leinwand, 1866 (Paris, Musée d'Orsay)

Q: Ovid, Met. XI,1–43

Émile Lévy: Tod des Orpheus

Der Sänger Orpheus vermochte mit seinem Gesang nicht nur die Natur, sondern auch die Götter der Unterwelt zu bezaubern. So gelang es ihm, die Freilassung seiner verstorbenen Gattin Eurydike aus dem Reich der Toten zu erwirken – nur durfte er sich nach ihr erst umschauen, wenn sie das Todesreich verlassen hatten. Sein Verlangen, sie zu sehen, war aber so groß, dass er sich zu früh umdrehte, und sie damit für immer verlor. Voller Trauer suchte er die Einsamkeit und entsagte fortan der Liebe. Die Frauen von Thrakien aber entbrannten in Wut über seine Liebesverweigerung und griffen ihn mit orgiastischer Gewaltsamkeit an. Bauern auf dem Felde flohen vor der wilden Schar und ließen ihr Gerät zurück. Damit bewaffnet töteten die rasenden Frauen den Sänger und rissen ihn in Stücke.

Oft wird Orpheus dargestellt, wie er die Leier spielt und dazu singt, umgeben von Tieren, die seinem Gesang lauschen. Émile Lévys Gemälde lässt zahlreiche Zitate aus der Malerei der Renaissance und des Barock erkennen, unterscheidet sich von diesen aber durch den fast aufdringlichen Realismus in der Wiedergabe von Haut und Stoffen und den betont erotischen Charakter der Darstellung. Orpheus liegt bewusstlos zusammengesunken am Rande eines Teiches. Sein schmächtiger Körper ist fast nackt. Die Leier mit gerissenen Saiten und ein zerrupfter goldener Lorbeerkranz liegen neben ihm. Die rasenden Frauen, als Mänaden aus dem dionysischen Gefolge charakterisiert, sind ebenso pikant wie dekorativ entblößt. Eine holt in Dominapose zu einem Peitschenhieb gegen den bewusstlosen Orpheus aus, eine andere beugt sich über ihn mit einer Sichel in der erhobenen Hand, während ein Panther in geduckter Haltung sich an ihn heranschleicht. In dieser Szene gipfelt der Sadismus der Darstellung, die den Geschmack des mondänen Pariser Publikums genau traf.

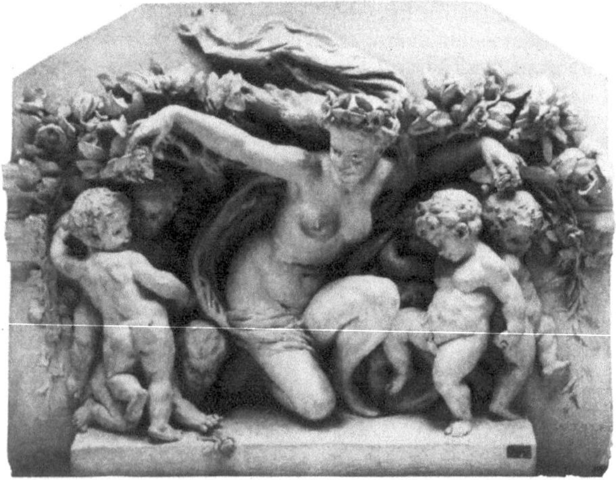

JEAN-BAPTISTE CARPEAUX: Flora
Terracotta, 1873 (Paris, Musée d'Orsay)

Jean-Baptiste Carpeaux: Flora

Flora, auch Chloris genannt, war die Göttin der Blumen und der Fruchtbarkeit. Ihr Gatte war Zephyr, der Westwind, der im Frühling die Natur wieder zum Blühen bringt. Jedes Jahr wurde im antiken Rom der Göttin zu Ehren ein ausgelassenes Fruchtbarkeitsfest, die *ludi florales*, gefeiert.

In der Kunst der Neuzeit ist Flora häufig dargestellt worden. Statuen der Flora gehören seit der Renaissance zum Schmuck der Gärten, die Göttin ist Teil zahlreicher Allegorien der Jahreszeiten. Carpeaux's Flora ist im Zusammenhang mit der plastischen Ausschmückung des Pavillon de Flore am Louvre entstanden, für die der Künstler 1863 den Auftrag erhielt. Drei Jahre später wurden die in Kalkstein ausgeführten Skulpturen enthüllt. Flora bekam ihren Platz in einem Relief in der Attika des Pavillons. Die fast vollplastischen und äußerst vital und lebendig wirkenden Figuren des Reliefs ordnen sich aber der Architektur nicht unter. Der Künstler scheint vielmehr einen flüchtigen Augenblick des wilden Treibens festgehalten zu haben, um etwas von der Ausgelassenheit der antiken *Floralia* zu vermitteln. Vergleichbar wirken auch die überlebensgroßen Figuren des gleichzeitig entstandenen Reliefs *Der Tanz* an der Fassade der Pariser Oper.

Flora ist nackt und betont sinnlich modelliert. Unter ihren ausgestreckten Armen tanzen und toben pralle, lebenslustige Kinder, die von Rubens stammen könnten. Carpeaux setzt die illusionistische Tradition von Bernini und der französischen Rokokoplastik fort, durch die malerische Modellierung seiner Figuren den Eindruck lebendiger Haut zu vermitteln.

Das Flora-Relief wurde für den Künstler ein Erfolg. Er fertigte nach dem Originalmodell mehrere Repliken an und arbeitete die Figur der Flora zu einer freiplastischen Skulptur um, in der die sinnliche Vitalität der Göttin noch stärker zum Ausdruck kommt als im steinernen Relief.

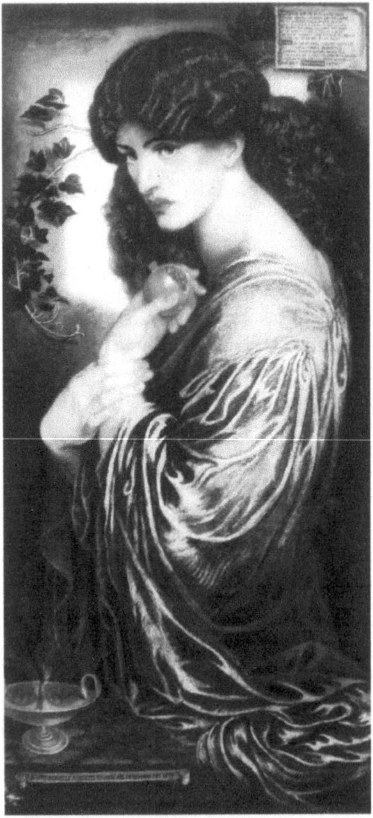

DANTE GABRIEL ROSSETTI: Proserpina
Öl auf Leinwand, 1874 (London, Tate Gallery)

Q: Ovid, Met. V,533–541

Dante Gabriel Rossetti: Proserpina

Der Raub der Proserpina gehört als Sinnbild viriler Kraftentfaltung zu den oft dargestellten Themen der antiken Mythologie. Dabei ist Proserpinas Rolle stets darauf reduziert, Opfer und Beute zu sein. Ihr späteres Schicksal und erst recht ihre Persönlichkeit sind dagegen selten oder nie Gegenstand künstlerischer Darstellung gewesen. Gerade darum geht es aber Dante Gabriel Rossetti. Er stellt in seinem psychologisch suggestiven Bild Proserpina als Gemahlin Plutos und Gefangene in der Unterwelt dar.

Als Ceres, die Mutter Proserpinas, erfuhr, dass Pluto ihre Tochter in sein Reich entführt hatte, erwirkte sie bei Jupiter, dass er sie wieder freigeben musste, es sei denn, sie habe schon von einer Frucht der Unterwelt gegessen. Da sie einen Granatapfel gekostet hatte, musste sie die Hälfte des Jahres in der Unterwelt bleiben; die andere Hälfte durfte sie bei der Mutter auf der Erde sein.

Rossetti stellt Proserpina schwermütig und düster dar. Sie befindet sich in einem dämmerigen Raum, in den Licht von oben dringt und ein helles Quadrat an der Wand zeichnet. Mit geneigtem Kopf wendet sie sich dem Betrachter zu. In der linken Hand hält sie den Granatapfel, wie um ihn zum Munde zu führen, mit der rechten hält sie die Hand zurück.

Proserpina verkörpert einen für die Präraphaeliten charakteristischen Frauentypus, der an die Malerei Botticellis erinnert, während die dunklen, gebrochenen Farbtöne, die das Bild beherrschen, eher von Leonardo inspiriert sind. Sie bringen das Rot des aufgerissenen Granatapfels zum Glühen, was den erotischen Charakter des Bildes unterstreicht. Rossettis Gemälde deckt diffizile psychologische und erotische Aspekte des Proserpinathemas in einer Weise auf, die es sehr modern wirken lässt. Er traf damit den Nerv der Zeit, wovon die Existenz von nicht weniger als acht Fassungen des Bildes zeugt.

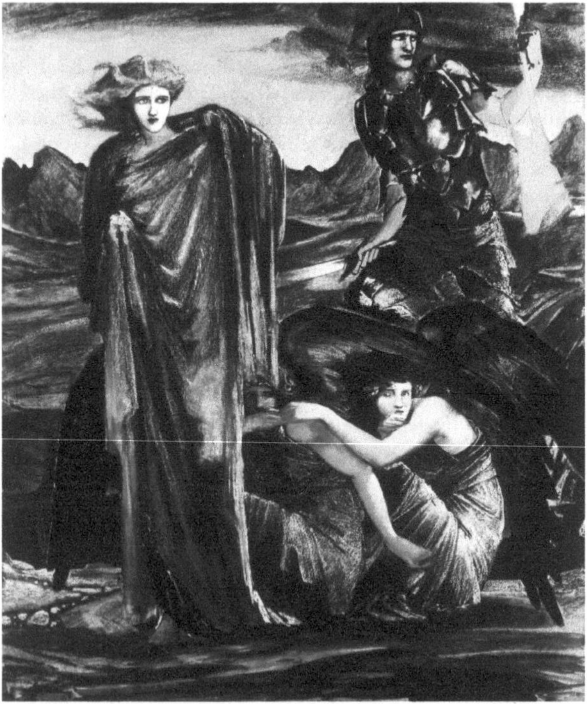

EDWARD BURNE-JONES: Perseus; Die Auffindung der Medusa
Kreide und Deckfarben auf Papier, 1875–90
(Stuttgart, Staatsgalerie)

Q: Apollodorus II,4,3; Ovid, Met. IV,782–785

Edward Burne-Jones: Perseus; Die Auffindung der Medusa

Das Gemälde gehört zu einer Folge, die für den Empfangsraum im Haus des späteren britischen Premierministers Arthur James Balfour in London bestimmt war. Burne-Jones erhielt den Auftrag 1875, die Ausführung der Bilder zog sich aber bis in die 1890er-Jahre hin. Das hier gezeigte Bild ist ein Entwurf in voller Größe, der der Ausführung in Ölfarben als Vorlage dienen sollte. Burne-Jones konnte die Thematik frei wählen. Vermutlich entschied er sich auch deshalb für die Perseus-Sage, weil er auf Entwürfe für ein nicht zustande gekommenes Illustrationsprojekt für William Morris zurückgreifen konnte. Im Wesentlichen stützte er sich auch, was Auswahl und Gestaltung der Szenen betrifft, auf Morris' Textfassung der Sage.

Bewaffnet mit Schwert und Spiegel, der den Schild ersetzt, den ihm Minerva der Sage nach gab, schleicht sich Perseus von hinten an die Medusa heran. Sie steht statuarisch aufrecht und hebt unter dem Umhang abwehrend ihren linken Arm. Ihr zu Füßen kauern verschreckt ihre Schwestern. Ihr Gesicht ist maskenhaft starr und blass, ihre langen, um das Haupt wehenden Haare erinnern an Schlangen, in die sie sich der Sage nach verwandelt hatten.

Perseus hat ihr Bild im Spiegel gefangen, um von ihrem Blick nicht versteinert zu werden. Im nächsten Augenblick wird er ihr den Kopf abschlagen. An seinem Arm hängt der Beutel, in den er den Kopf seines Opfers stecken soll.

Die Szene spielt in einer kahlen, düsteren Landschaft, das Kolorit wird von gedämpften Blau- und Brauntönen beherrscht. Die Stimmung der Komposition ist von tiefer Melancholie geprägt. Perseus ist hier kein draufgängerischer Held. Die Medusa wirkt in ihrer starren Schönheit unheimlich, sie ist aber kein Ungeheuer, sondern eher eine *femme fatale*, der Trauer und Angst ins Gesicht geschrieben stehen.

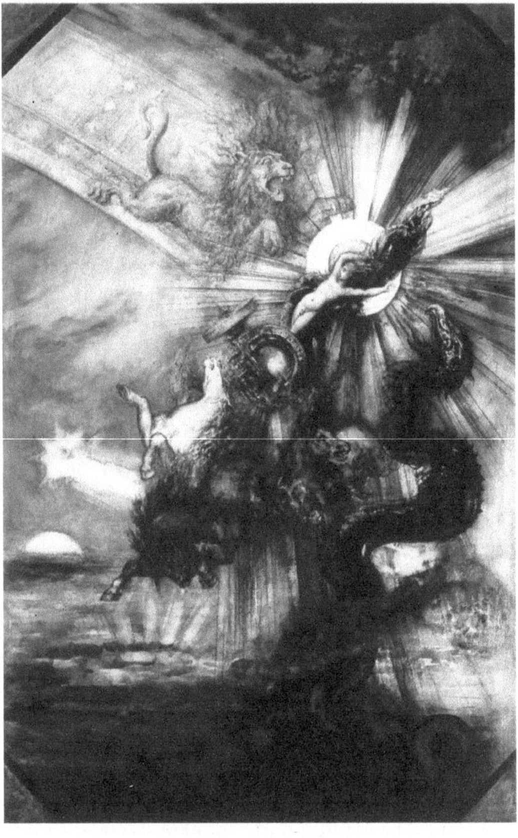

Gustave Moreau: Phaëtons Sturz
Aquarell, 1878 (Paris, Louvre)

Q: Ovid, Met. II,150–328

Gustave Moreau: Phaëtons Sturz

Phaëton war der Sohn Apolls und Clymenes, einer Sterblichen. Als Beweis dafür, dass Apoll ihn als seinen Sohn anerkannte, erbat sich Phaëton, für einen Tag den Sonnenwagen lenken zu dürfen. Unwillig stimmte Apoll zu, nicht ohne vor den Gefahren zu warnen. Phaëton hörte aber nicht darauf, sondern bestieg den Wagen. Bald gingen die Pferde mit ihm durch, und es begann eine ungezügelte, wilde Fahrt, bei der die Erde in Flammen aufzugehen drohte. Um den Spuk zu beenden, schleuderte Jupiter seine Blitze gegen das Gefährt, traf Phaëton tödlich und ließ den Wagen zu Boden stürzen.

Diese Geschichte ist in der Kunst oft dargestellt worden. Sie wurde als *exemplum* der Vermessenheit, aber auch, in Anlehnung an die von Ovid wiedergegebenen Worte auf Phaëtons Grabstein – »Hier ruht Phaëton. Er lenkte den Wagen des Vaters, und auch wenn er scheiterte, hat er doch Großes gewagt« –, als Gleichnis für Wagemut und heroisches Scheitern verstanden.

Moreau gibt den Eindruck wieder, den Ovids lebhafte Beschreibung der Katastrophe hinterlässt. Das wilde Gespann befindet sich im freien Fall. Der Löwe des Tierkreises stürzt mit aufgerissenem Maul von oben über Phaëton her, von unten steigt aus dem Meer eine riesige Schlange, die ihn ebenfalls zu zerfleischen droht. Phaëton, knabenhaft zart und von androgyner Anmut, reißt die Arme vor Schreck in die Höhe und lässt die Zügel los. Unter ihm liegt die Erde schwarz und versengt, hier und da glüht sie noch. Koloristisch macht das Bild einen fast juwelartigen Eindruck. Die Glut der Farben ist dem Thema besonders angemessen. Sie gilt als ein Charakteristikum für Moreaus Kunst, der zeitlebens der Tradition von Delacroix verpflichtet blieb. Als Vorläufer des Symbolismus ist er vom Orientalismus der Zeit stark geprägt; in diesem Geist stellte er auch antike mythologische Themen dar.

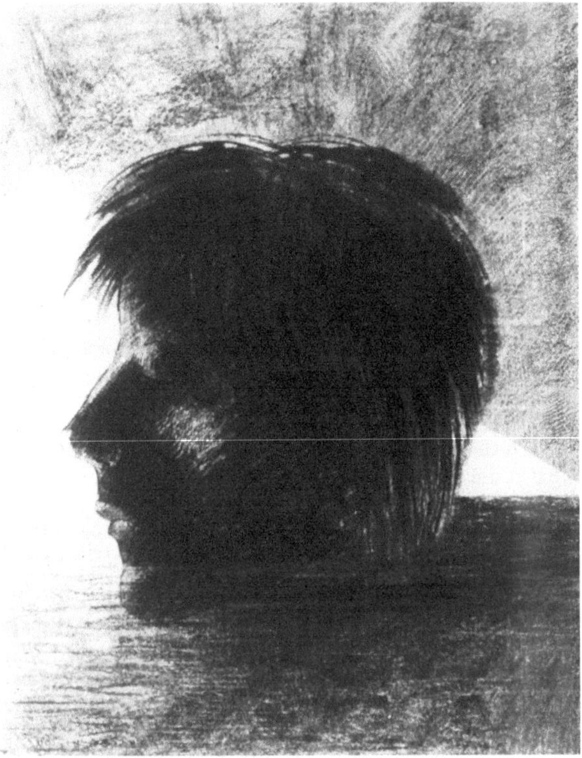

ODILON REDON: Kopf des Orpheus auf den Wassern
Schwarze Kreide, 1881
(Otterlo, Museum Kröller-Müller)

Q: Ovid, Met. XI,50–55

Odilon Redon: Kopf des Orpheus auf den Wassern

Scheinbar unberührt vom Naturalismus und Impressionismus seiner Zeit entwickelte Odilon Redon eine auf suggestive Hell-Dunkel-Wirkung angelegte Manier der Kreide- und Kohlezeichnung, in der er Traumszenen, mythologische Motive und Ungeheuer, die ihre Herkunft aus biologischen Lehrbüchern verraten, zu Papier brachte. Seine späteren Werke sind dagegen oft von leuchtender Farbigkeit geprägt. Anfang der 1880er-Jahre wurde Redon von den Symbolisten entdeckt. International anerkannt, gehörte er zu den Gründungsmitgliedern des »Salon des Indépendants«. Später wurde er von den Surrealisten zu ihren Vorläufern gezählt.

Kopf des Orpheus spielt auf das tragische Schicksal des mythischen Sängers an. Dieser, in Trauer um die verlorene Eurydike in sich verschlossen, wurde von den rasenden Mänaden in Stücke gerissen. Die Gliedmaßen lagen verstreut, Kopf und Leier aber, so berichtet Ovid, schwammen auf dem Fluss dahin, »mit leisen Tönen trauernd singend«. Dieses Motiv gewann unter den Symbolisten große Verbreitung als Sinnbild des Künstlers. So wollte es Redon sicher auch verstanden wissen. Das Motiv hat er mehrmals in Zeichnungen und Gemälden wiederholt.

In diesem Blatt verzichtet er auf die Leier, Orpheus' Lippen singen nicht, sie sind verschlossen. Damit war eine Verallgemeinerung der Bedeutung beabsichtigt, die auch im zweiten Titel, den der Künstler dem Bild gab, zum Ausdruck kommt: *Gloire tombée* (»vergangener Ruhm«). Der konzentrierte Ausdruck des Gesichtes lässt nicht an einen Toten denken, sondern eher an einen, der in sich hinein horcht, sich erinnert oder träumt. In seiner Verbindung von extremer Vereinfachung und subtil abgestuften Raum und Licht suggerierenden Grauwerten gehört das Blatt zu Redons Meisterwerken.

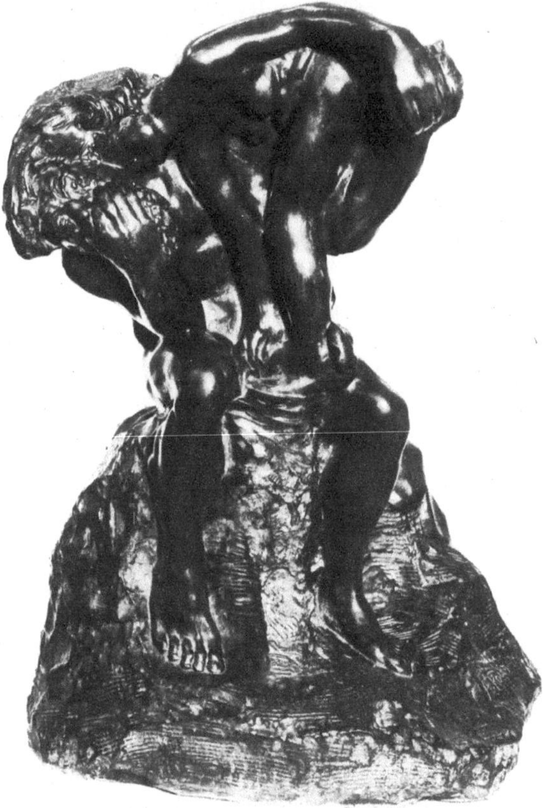

AUGUSTE RODIN: Der Künstler und seine Muse
Bronze, 1890 (San Francisco, The Fine Arts Museum)

Auguste Rodin: Der Künstler und seine Muse

Die Musen waren Göttinnen der Dichtung und der Musik und gehörten zum Gefolge Apolls. Sie repräsentieren die Inspiration des Künstlers. Seit Hesiod zählt man neun Musen: Clio, Euterpe, Thalia, Melpomene, Terpsichore, Erato, Polyhymnia, Urania und Calliope; jede von ihnen verantwortet eine spezielle Gattung der Künste und Wissenschaften. Meist werden die Musen ernst, gewandet und mit einem Attribut versehen dargestellt. In mittelalterlichen Darstellungen baden sie aber auch nackt auf dem Parnass, gelegentlich tanzen sie leicht geschürzt zu den Tönen von Apolls Leier. Im späten 19. Jh. wird ihre Beziehung zu den Künstlern und Wissenschaftlern, die sie inspirieren, auffällig erotisiert. Auf unzähligen Denkmälern schmiegen sie sich, schön und mit entblößten Reizen, an den Geehrten, der sich allerdings – das gebot der Anstand – von ihrer Zuwendung selten aus der Ruhe bringen lässt.

Auch für Rodin stehen Inspiration und künstlerische Kreativität in enger Beziehung zur Erotik. Radikal bricht er aber mit der gefälligen Art ihrer Darstellung und gestaltet das Verhältnis von Künstler und Muse als eruptiven, gewaltsamen Akt. Seine Musen schmiegen sich nicht an den Künstler an, sie suchen ihn heim: Ihre Posen sind nicht gefällig, sondern leidenschaftlich, angestrengt und manchmal auch obszön.

Der Künstler und seine Muse ist im Zusammenhang mit Rodins Arbeit an dem nie vollendeten Denkmal für Victor Hugo entstanden. Die Inspiration ist ein aufwühlendes Erlebnis. Die Muse ist zum Künstler niedergestiegen und nimmt von ihm geradezu Besitz, das zeigt schon die Art, wie sein Kopf in ihre Haare verfangen ist. Sie steht auf seinem Schoß, beugt sich zu ihm nieder und flüstert ihm ins Ohr. Gleichzeitig streichelt sie mit der Hand sein Geschlecht. Erschrocken hält er die Hand vor den Mund, seine Augen sind weit aufgesperrt.

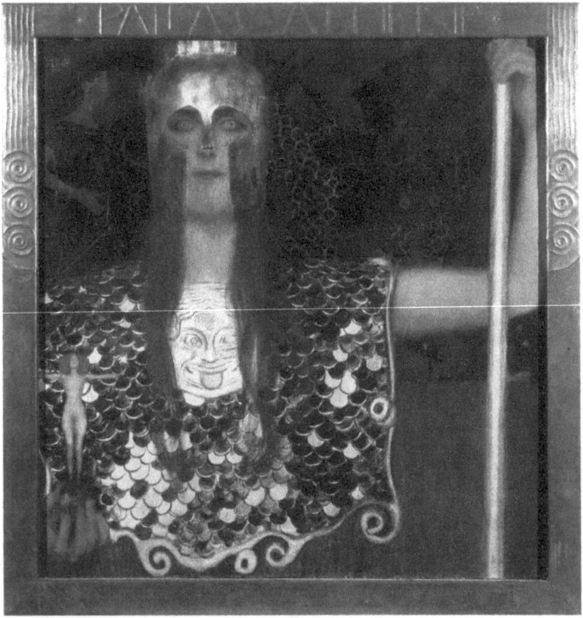

GUSTAV KLIMT: Pallas Athene
Öl auf Leinwand, 1898
(Wien, Historisches Museum)

Gustav Klimt: Pallas Athene

Klimt malte dieses Bild im Jahr nach der Gründung der Wiener Secession, bei der er eine führende Rolle spielte. Als Symbol für die Bestrebungen und den Anspruch der Künstlervereinigung schmückt Athena auch das von Klimt entworfene Plakat ihrer ersten Ausstellung 1898.

Athena bzw. Minerva tritt als Göttin der Weisheit und der Künste seit der Renaissance häufig in Allegorien auf. Neu war allerdings die Art, wie Klimt die Göttin hier dargestellt hat. Sie erscheint nicht mehr als die abgeklärte, klassische Verkörperung der Weisheit, wie wir sie aus der humanistischen Tradition kennen und wie sie z.B. das große Standbild vor dem Parlamentsgebäude in Wien verkörpert. Vielmehr erscheint sie als eine dämonisch wirkende Gestalt aus mythischer Vorzeit. Dazu trägt schon die strenge Frontalität der Darstellung bei.

Aus dem Hell-Dunkel, in das die Figur getaucht ist, funkeln die Goldschuppen ihres Panzers und die große vergoldete fratzenhafte Maske der Medusa. Der Helm ist von archaischem Schnitt und bedeckt das Gesicht fast vollständig; nur die dunklen Augen und der strenge Mund der Göttin sind zu sehen. In der rechten Hand hält sie, ähnlich wie die berühmte Athena des Phidias vom Parthenon, eine kleine Statuette, aber nicht eine Nike, wie diese, sondern eine Allegorie der Wahrheit, die als rothaarige, nackte Frau mit ausgestreckten Armen dargestellt ist. Sie wirkt ganz gegenwärtig und lebendig, wie eine *femme fatale*, und kontrastiert in auffälliger Weise mit der archaischen Erscheinung Athenas. Die Statuette kann als eine frühe Fassung von Klimts berühmtem Gemälde *Nuda Veritas*, von 1899 gelten und dürfte die gleiche, durch ein Schillerzitat verdeutlichte Botschaft vermitteln wollen: »Kannst Du nicht allen gefallen durch deine Tat und Dein Kunstwerk, mach es wenigen recht. Vielen gefallen ist schlimm«. Der archaisierende Stil ist charakterstisch für die Wiener Sezession.

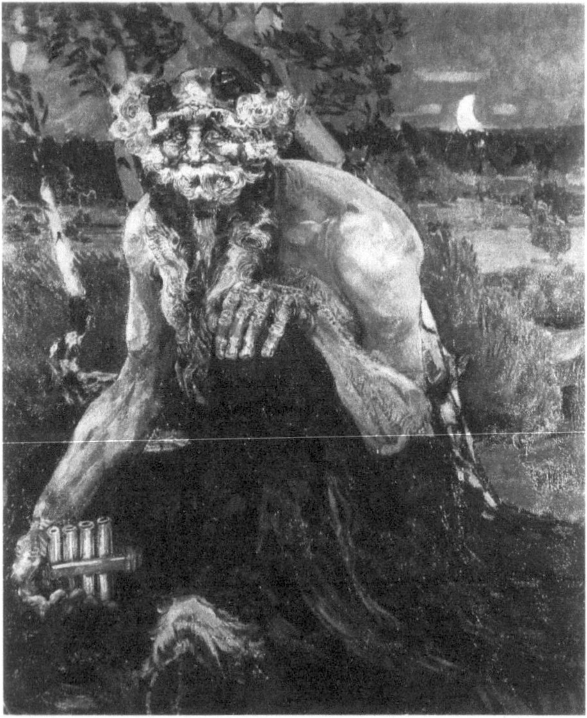

MICHAIL WRUBEL: Pan
Öl auf Leinwand, 1899
(Moskau, Tretjakow-Galerie)

Michail Wrubel: Pan

Michail Wrubels *Pan* lässt eher an einen Troll aus einem nordischen Volksmärchen denken, als an einen antiken Gott. Er hockt auf dem Boden vor einigen schief gewachsenen Birken, hinter denen ein schmaler Fluss und eine weite Wiesen- und Waldlandschaft zu sehen sind; am Horizont verschwindet gerade die gelb glühende Mondsichel hinter den schwarzen Bäumen. Das Bild vermittelt die dämmerige Stimmung der weißen Sommernacht. Sie – und nicht der heiße Mittag – ist die Stunde des russischen Pan.

Pan macht einen urtümlichen, melancholischen Eindruck. Er ist kein Mischwesen, sondern eine ganz und gar menschliche Gestalt. Die kräftigen Schultern und Hände wirken abgearbeitet, Haare und Bart grau und zottelig. Unter den buschigen Augenbrauen blicken seine hellblauen Augen ins Leere. Die Hörner wachsen nicht aus seiner Stirn heraus, sondern sind an einem runden Helm befestigt. In der rechten Hand hält er ungelenk die Flöte. Trotz aller Übersteigerung ist die Szene sehr realistisch wiedergegeben, was dem mythischen Thema einen suggestiven Realitätsbezug verleiht. Wrubel hat einmal geäußert: »Wenn du etwas Phantastisches malen willst, … dann beginne immer mit irgendeinem Stück, das du völlig realistisch malst … Das ist wie der Kammerton für den Chorgesang – ohne ein solches Element ist deine Phantasie eine fade … Sache, also ganz und gar nicht phantastisch.«

Pan zählt zu den Schlüsselwerken des russischen Symbolismus. Wrubel malte das Bild unter dem Einfluss des nationalromantisch geprägten Künstlerkreises um den Mäzen Sawwa Mamontow in Abramzewo. Pan ist die poetisch-mythologische Inkarnation der russischen Landschaft und der nordischen Sommernacht. Sein graues Haar und seine rauen Hände erinnern an die Rinde der Birken, das Blau seiner Augen entspricht dem Blau des Flusses, seine Melancholie drückt die Stimmung der Sommernacht aus.

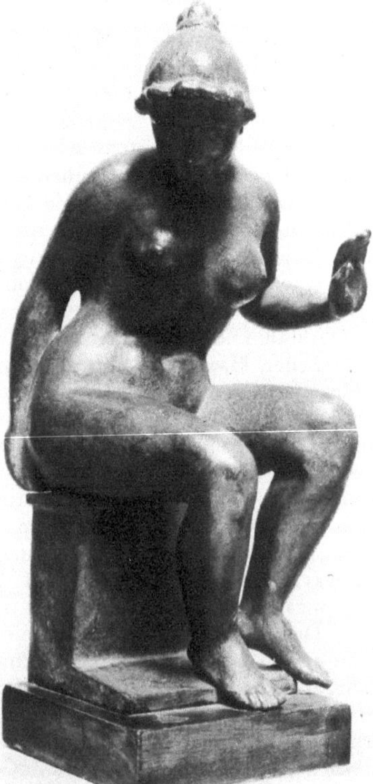

ARISTIDE MAILLOL: Leda
Bronze, 1902 (Bremen, Kunsthalle)
Q: Hyginus, Fab. 77; Ovid, Met. VI,109

Aristide Maillol: Leda

Von Jupiters vielen Liebesabenteuern ist die Verführung Ledas eine der am häufigsten dargestellten. Ihre Vereinigung mit dem Schwan, in den sich Jupiter verwandelt hatte, gab Anlass zu innigen erotischen Szenen. Gemessen an dieser Tradition erscheint Maillols Leda geradezu keusch. Der Künstler verzichtet auf den Schwan; als Betrachter müssen wir uns aber vorstellen, wie dieser sich der badenden Leda nähert und wie sie vor seiner Annäherung zurückweicht. Ihr nach unten und zur Seite gerichteter Blick, ihre Körperhaltung und die abwehrend erhobene Hand genügen, um sich die Szene vollständig vorzustellen. Dem Künstler ging es wohl um die radikale Reduzierung der narrativen Mittel. Dabei konnte er sich darauf verlassen, dass das Thema dem Betrachter geläufig war. Nur wer die Geschichte Ledas kennt, erfasst die Bedeutung der Plastik. Dank der fast kindlich wirkenden Gestalt Ledas verliert die Szene alles Anzügliche, vielmehr wird sie in eine unschuldige arkadische Welt versetzt und erinnert darin an Maillols zauberhafte Illustrationen zu Ovids *Ars amatoria*.

Leda ist in stilistischer Hinsicht charakteristisch für Maillos reife Kunst. Stand er ursprünglich im Banne der expressiven Modellierung Rodins, so entwickelte er Anfang des 20. Jh.s einen ruhigen, abgeklärten »klassischen« Stil. Charakteristisch dafür sind eine glatte Modellierung der Oberflächen, runde, etwas gedrungene und manchmal kindlich wirkende Körperformen und der Verzicht auf physiognomischen Ausdruck. Entscheidend für seine Stilfindung war die Auseinandersetzung mit der frühklassischen antiken Plastik von Olympia, die er allerdings erst während einer Griechenlandreise 1908 im Original kennenlernte. Maillol gab häufig seinen Skulpturen Namen aus der antiken Mythologie; ihm ging es aber selten darum, bestimmte Sagen oder Ereignisse darzustellen.

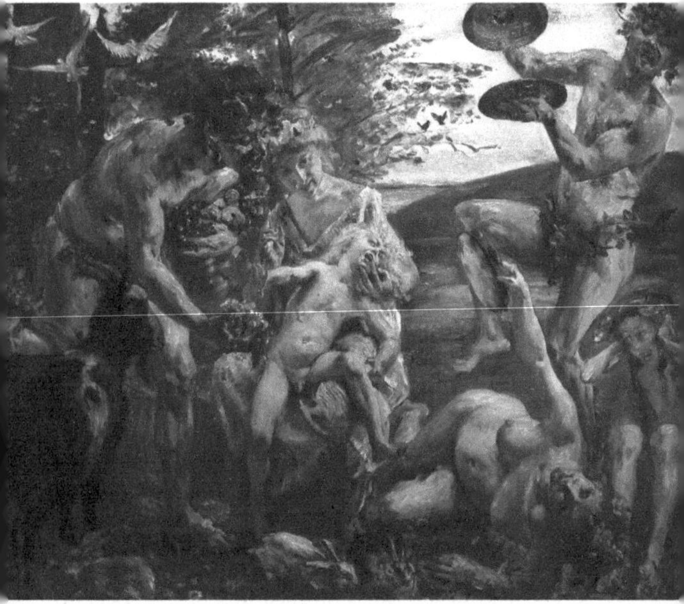

Lovis Corinth: Jupiters Kindheit
Öl auf Leinwand, 1905 (Bremen, Kunsthalle)
Foto: akg-images

Q: Apollodorus I,1,7; Hesiod, Theogonie 485 ff.;
Hyginus, Fab. 139

Lovis Corinth: Jupiters Kindheit

Jupiter wurde im Geheimen geboren, um von seinem Vater Saturn nicht verschlungen zu werden. Er wuchs unter Hirten am Berge Ida auf Kreta auf. Seine Kindheit wird meist als arkadische Idylle dargestellt. Nie fehlt dabei die Ziege Amalthea, mit deren Milch das Kind genährt wurde.

Corinth malt Jupiters Kindheit als eine ungestüme, bacchanalische Posse. Wahrscheinlich spielt das auf die Überlieferung an, dass um das neugeborene Kind herum ständig laut Musik gemacht wurde, damit Saturn sein Weinen nicht hörte. Das geräuschvolle, wilde Treiben scheint dem Jupiterkind sogar zu viel zu werden; mit heftiger Geste wehrt es die Trauben ab, die ihm gereicht werden. Die junge Frau, die Jupiter auf dem Schoß hält, blickt amüsiert aus dem Bild heraus. Sie ist als einzige bekleidet. Ihr Kleid ist von modernem Schnitt, ihr Gesicht trägt porträthafte Züge. Auch das Kind weicht durch den Realismus der Darstellung von den übrigen Gestalten ab. So scheint es, als sei eine Mutter mit ihrem Kinde unversehens in eine mythische Welt geraten. Bei aller Ironie, die in der Darstellung mitschwingt, darf man in ihr vielleicht sogar das Wunschbild eines vitalen Lebensglücks sehen, das dem depressiv veranlagten Künstler wohl nur selten vergönnt war.

Mit Darstellungen dieser Art wollte Corinth sein Publikum ursprünglich wahrscheinlich herausfordern. Als er dieses Bild malte, waren seine modernen Interpretationen der antiken Sagen und Mythen aber bereits zu einem Markenzeichen seiner Kunst geworden und dürften kaum mehr Proteste erregt haben. Die kraftvolle und fast wilde Art der Malerei verleiht der Szene Vitalität und Heiterkeit, die sich wohltuend abheben von der oft trockenen Feierlichkeit, mit der die antike Mythologie gerade damals in der symbolistischen Kunst häufig behandelt wurde.

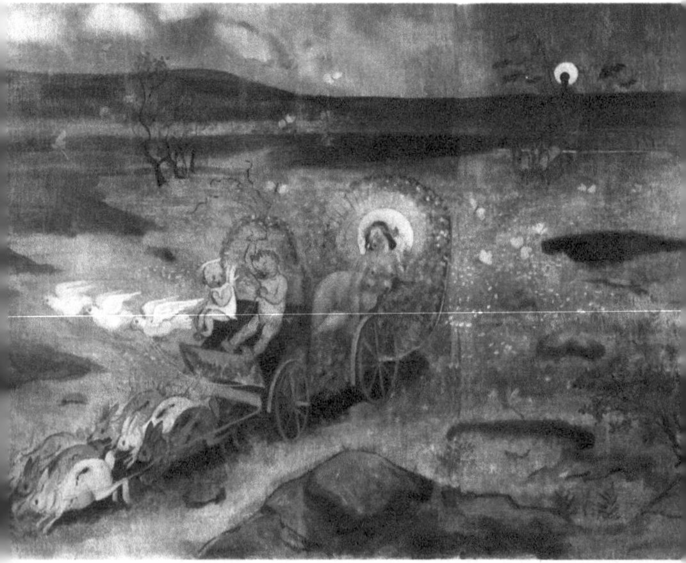

Ivar Arosenius: Venus und der Tod
Tempera, 1906 (Privatbesitz)

Ivar Arosenius: Venus und der Tod

In einem von Früchten und Blumen geschmückten Wagen fährt Venus über eine blühende Wiese. Ein kleiner Teufel lenkt das Gespann von Kaninchen, das, begleitet von weißen Tauben, den Wagen zieht; seine Peitschenhiebe haben ihre Rücken blutig geschlagen. Ein kindlicher Engel in kurzem Nachthemd schaut dem Teufel ängstlich zu. Venus räkelt sich wollüstig auf ihrem Blütenlager. Mit ihren schwellenden Formen verkörpert sie Fruchtbarkeit und Lebensfreude. Der Künstler hat sie sogar – in Anlehnung an Diana Ephesos – mit einem doppelten Busen ausgestattet. Ihren Kopf umgibt eine strahlende gelbe Gloriole, wie eine Sonne. Der lebenslustige Aufzug ereignet sich aber vor einem dunklen Hintergrund. Dem Gefährt der Venus folgt die Mähmaschine des Todes. Sein Haupt wird umrahmt von dem bleichen Mond und einem Schwarm schwarzer Fledermäuse, die sich schemenhaft gegen den dunklen Nachthimmel abzeichnen.

Arosenius' Bild ist eine Parodie auf das gängige Repertoire des Symbolismus und zugleich ganz ernst. Der Gegensatz von Liebe, weiblicher Schönheit, irdischem Überfluss und Tod, in mythologischem oder allegorischem Kleide vorgeführt und meist humorlos ernst, gehörte zu den Standardmotiven der symbolistischen Kunst. Das musste den spöttischen Geist des Künstlers herausfordern; gleichzeitig war aber sein eigenes Lebensgefühl von diesem Gegensatz in besonderem Maße geprägt. Arosenius war Bluter und ist daran jung gestorben. Ihm war wohl bewusst, dass sein Leben an einem dünnen Faden hing.

Bei allem Unterschied im äußeren Anspruch ist nicht zu übersehen, dass Arosenius' drastisch charakterisierte Figuren nahe Verwandte in der Kunst Böcklins haben. Nur dürfte ihm auch dieser weithin anerkannte Künstlerkollege, ungeachtet seines gelegentlich derben Humors, zu hochtrabend und feierlich gewesen sein.

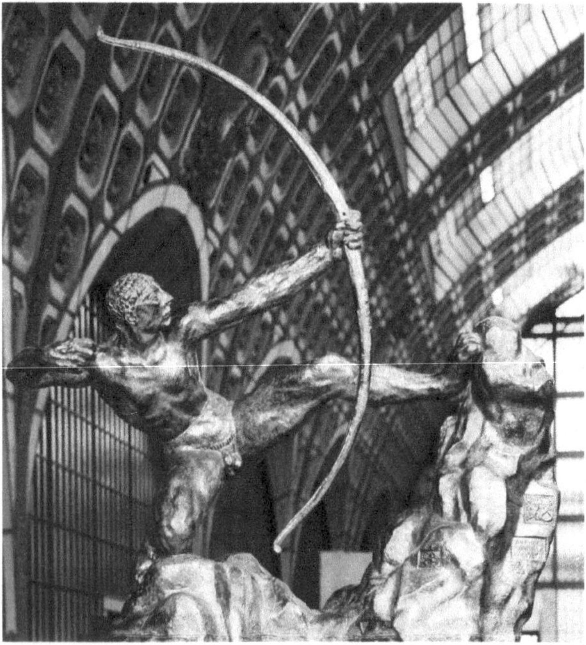

ANTOINE BOURDELLE: Herakles als Bogenschütze
Bronze, 1909 (Paris, Musée d'Orsay)

Q: Apollodorus II,5,6

Antoine Bourdelle: Herakles als Bogenschütze

Oft wird diese Plastik einfach »Der Bogenschütze« genannt, der Charakter der Gestalt lässt sich aber eindeutig auf Herakles beziehen. Das Motiv des Bogenschießens spielt wahrscheinlich darauf an, wie Herakles die stymphalischen Vögel mit seinen Pfeilen tötete. Allerdings ging es dem Künstler wohl nicht um eine bestimmte Episode, vielmehr hat er eine ausdrucksstarke archetypische Gestalt schaffen wollen. Der urtümlich wirkende, in seiner Haltung höchst einprägsame Schütze erscheint als der Inbegriff konzentrierter Kraftentfaltung. Im Interesse der Expressivität schreckt Bourdelle nicht vor Verzerrungen der Proportionen der Figur zurück, der gesteigerte Ausdruck der Komposition ist sein Ziel. Dieser kommt am besten zur Geltung, wenn die Plastik von der Seite und in Untersicht vor freiem Himmel gesehen wird. Bourdelles *Herakles* belegt, wie um 1900 der Umriss der plastischen Figur, ihre »Reliefwirkung«, zu einem wichtigen ästhetischen Kriterium wurde.

Bourdelle, der auch als Maler tätig war, arbeitete von 1893 bis 1905 in der Werkstatt Rodins, von dem er anfänglich stark beeinflusst war. Daran erinnern in dieser Plastik sowohl die übergroßen Hände und Füße des Bogenschützen als auch die unebene, scheinbar skizzenhaft modellierte Oberfläche. Diese ist aber rauer, als bei Rodin üblich. Die reliefhafte Komposition und auch die stilistischen Rückgriffe auf die archaische griechische Kunst, die im Bogenschützen deutlich zu erkennen sind und ihn so urtümlich wirken lassen, zeigen auch, dass Bordelle sich zu diesem Zeitpunkt vom Einfluss seines Lehrers weitgehend befreit hatte. 1924 verwendete Bourdelle den Bogenschützen als Blickfang in seinem Plakat für die Olympischen Spiele in Paris. Der Bogenschütze ist, wie die zahlreichen Repliken belegen, das bekannteste Werk des Künstlers.

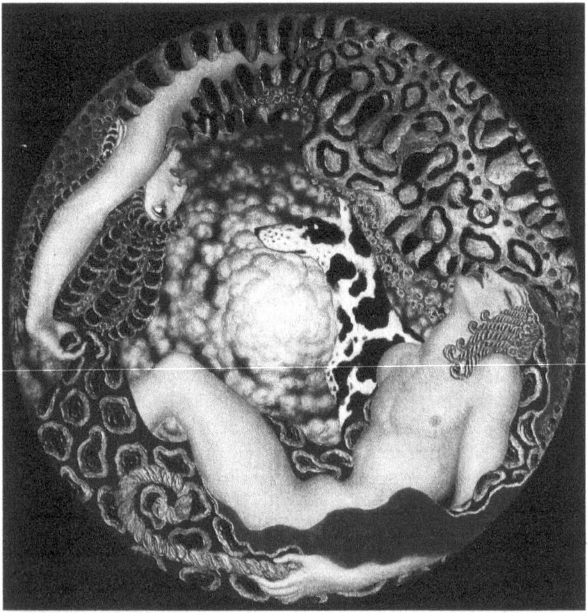

NIKOLAJ KALMAKOW: Artemis und der schlafende Endymion
Öl-, Silber- und Bronzefarbe auf Leinwand, 1917
(St. Petersburg, Staatliches Russisches Museum)

Q. Apollodorus I,7,6; Cicero, Gespräche in Tusculum I,38

Nikolaj Kalmakow: Artemis und der schlafende Endymion

Nikolaj Kalmakow war als Künstler Autodidakt. Er arbeitete als Maler und Graphiker und schuf auch zahlreiche Bühnenbilder für die Moskauer und Petersburger Theater. Er vertritt eine mondäne Strömung des russischen Symbolismus, die ihre Wurzeln im Wiener Jugendstil hat. Ein charakteristisches Beispiel für seine Kunst ist das Gemälde von *Artemis und Endymion.* Die hier gezeigte Fassung ist die Wiederholung eines heute verschollenen Gemäldes von 1913. Der Besuch der Mondgöttin bei ihrem in ewigem Schlaf gesunkenen Liebhaber ist ornamental stilisiert und in orientalisch anmutender Farbenpracht dargestellt. Auch das Bildformat, der Tondo, unterstreicht den preziösen und dekorativen Charakter des Bildes.

Endymion ist ein Jüngling von androgyner, frivoler Schönheit. Die tief blaue Farbe seiner gemusterten Decke hebt den glatten bronzefarben schimmernden Körper hervor. Er lehnt den Kopf weit zurück, wie in Erwartung der Liebkosungen Dianas. Ein großer, schwarz-weiß gefleckter Hund wacht über seinen Schlaf. Artemis, in ihrer schlangenhaften Pracht mehr ein dämonisches Märchenwesen als eine antike Göttin, beugt sich über ihn, zieht die Decke von ihm ab und blickt ihn mit weit geöffneten Augen an. Der Hintergrund, in derselben tiefblauen Farbe wie die Decke Endymions gehalten, bezeichnet die Nacht. Darüber liegen, kreisförmig angeordnet, helle Wolken, die in der Mitte des Tondos den intensiv leuchtenden Mond verdecken.

Eine erste Fassung dieser Komposition malte Kalmakow schon 1913. Das hier gezeigte Gemälde entstand vier Jahre später, im selben Jahr, als die Revolution in Russland ausbrach, und markiert das Ende des symbolistischen Ästhetizismus in der russischen Kunst. Nach der Revolution lebte Kalmakow größtenteils im Ausland, zunächst in Tallinn und später in Brüssel und Paris.

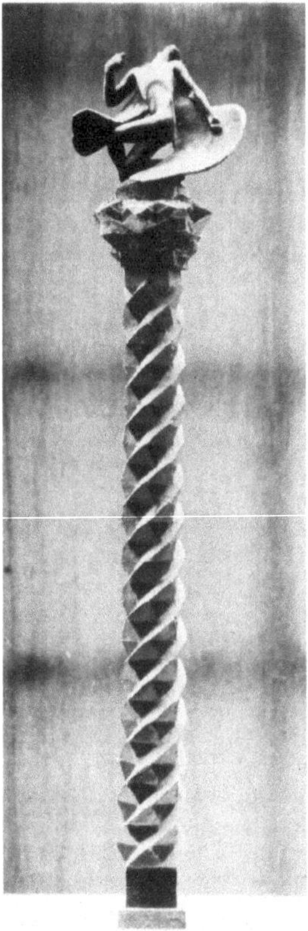

Georg Kolbe: Stürzender Ikarus
Bronze, Guss 1919 (Berlin, Kolbe-Museum)

Q: Apollodorus III,16; Epitone I,12–15;
Hyginus, Fab. 40; Ovid, Met. VIII,183–235

Georg Kolbe: Stürzender Ikarus

Ikaros war der Sohn des berühmten attischen Künstlers Daedalos, Schöpfer des Labyrinths von Knossos, in dem König Minos den Minotauros gefangen hielt. Beschuldigt, Theseus geholfen zu haben, dem Labyrinth zu entkommen, nachdem dieser den Minotauros getötet hatte, wurden Daedalos und Ikaros gefangen genommen. Daedalos fertigte dann für sich und seinen Sohn Flügel aus mit Wachs zusammenfügten Federn an, um so mit ihnen fliehen zu können. Daedalos gelang die Flucht, aber Ikaros, der in jugendlichem Übermut zu hoch flog, stürzte ab, als das Wachs in der Hitze der Sonne schmolz und die Flügel auseinanderfielen. Der Sturz des Ikaros gehört zu den häufig dargestellten Themen, oft mit der Mahnung verbunden, sich vor Übermut zu hüten.

Kolbes *Ikarus* ist als Entwurf eines Gefallenendenkmals entstanden. Die ersten Zeichnungen stammen von 1917. 1918 erhielt er den Auftrag, eine kleinere Fassung der Figur für das Grabmal eines im Luftkampf gefallenen Fliegers in Bronze auszuführen. Diese Figur ist mit einem modern anmutenden Kriegerhelm dargestellt und so der Bestimmung angepasst.

In ihrer zusammensinkenden Drehbewegung und abstrahierenden Modellierung des Körpers stellt diese Plastik eine besonders gelungene Arbeit Kolbes dar. Allerdings wird das Ikaros-Thema durch die Bestimmung als Gefallenendenkmal verfälscht. Kolbes Ikaros stürzt nicht herab, er bricht zusammen, wie auf dem Schlachtfeld von einer Kugel getroffen. Die vom Künstler geplante, aber nur im Modell realisierte Aufstellung der Plastik auf einer hohen, vielleicht sogar drehbaren Säule, wäre dem Thema allerdings wieder näher gekommen. Fragwürdig bleibt die Inanspruchnahme des Themas für ein Kampffliegerdenkmal. Sie stellt eine Verklärung des Krieges dar, die der Aussage des Mythos nicht entspricht.

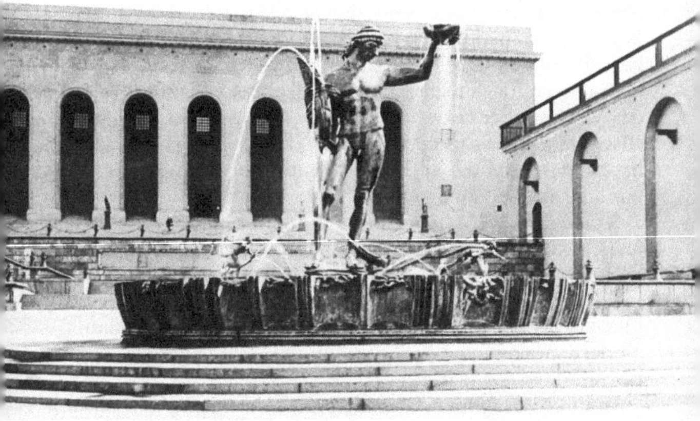

CARL MILLES: Poseidon-Brunnen
Bronze, 1925–30, Göteborg

Carl Milles: Poseidon-Brunnen

Neptun bzw. Poseidon, der Gott des Meeres, krönt seit der Renaissance unzählige Springbrunnen. Dieser Konvention folgt auch Milles *Poseidon-Brunnen*. Für den Hauptplatz des modernen Göteborg, vor der Kulisse des Kunstmuseums und umgeben von Theater und Konzerthaus, war dieses Thema nicht zwingend, für Göteborg als Stadt aber naheliegend, wurde sie doch mit dem wichtigsten Hafen des Landes damals vor allem als Seefahrerstadt wahrgenommen.

Interessant ist, Milles' Poseidon mit seinen Vorläufern wie z. B. dem *Gott aus dem Meer* (um 460 v. Chr.; Athen, Nationalmuseum) oder dem *Neptun*-Brunnen Giovanni Bolognas von 1566 in Bologna zu vergleichen. Betonen diese durch Haltung und Gestik meist die Herrscherrolle des Gottes, fehlen Milles' Figur solche Züge. Er wendet sich nicht mit herrischer Geste der Stadt zu, sondern scheint in seinem Spiel mit Fischen und Muscheln ganz aufgegangen zu sein. Der Poseidonbrunnen ist keine Manifestation politischer Ambitionen. Er zeigt vielmehr ein Naturwesen mit urtümlich wirkender und alles andere als edler Physiognomie. Viele humorvolle und burleske kleine Seewesen, die das weite Brunnenbecken und seine Umrandung bevölkern, sind mit ihrer Vitalität davon weit entfernt, als ernste Allegorien zu dienen. Humor gehört zu den Wesensmerkmalen von Milles' Kunst.

In Milles Œuvre spielen mythologische Themen eine wichtige Rolle. Zu seinen Hauptwerken zählt auch der *Orpheus-Brunnen* von 1936 vor dem Stockholmer Konzerthaus. Milles suchte seine Vorbilder in der archaischen griechischen Kunst, wobei ihm nicht nur die Skulptur, sondern auch die Vasenmalerei und die Münzen wichtige Anregungen gaben. Darin ist er mit Antoine Bourdelle zu vergleichen, mit dem er eine Richtung der Skulptur vertritt, die für eine Erneuerung der Antikenrezeption steht.

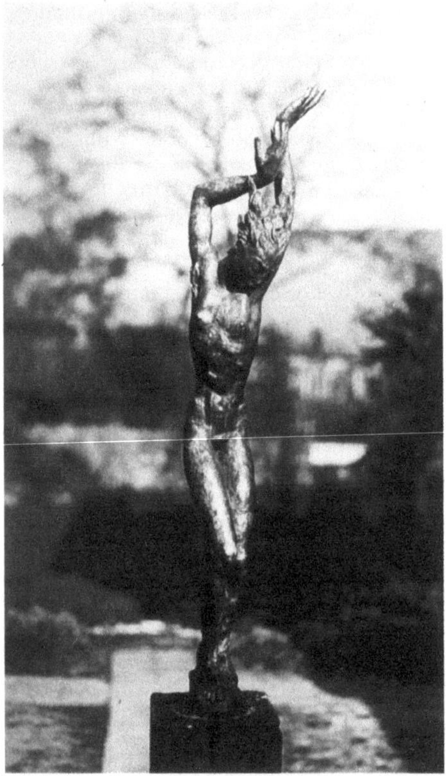

RENÉE SINTENIS: Daphne
Bronze, vergoldet (1918),
vergrößerte Fassung 1930 (Lübeck, Behnhaus)

Q: Ovid, Met. I,452–567

Renée Sintenis: Daphne

Anders als Bernini, der die Verfolgung Daphnes und ihre Verwandlung in einen Lorbeerbaum unter den Händen Apolls zum Thema seiner berühmten Skulptur in der Galleria Borghese in Rom machte und damit Apoll zur Hauptfigur der Komposition werden ließ, stellt Renée Sintenis Daphne als Einzelfigur, ohne ihren Verfolger, dar. Damit rückt Daphnes Schicksal, ihre Verwandlung von einem menschlichen Wesen in einen leblosen Baum, in den Vordergrund der Darstellung.

Die Verwandlung wird mit gestischen Mitteln, aber auch mit Hilfe naturalistischer Details dargestellt. Daphne streckt ihre Arme in die Höhe, die ausdrucksvolle Bewegung der Hände lässt an bewegte Äste denken, ihre Haare haben schon die Form von Lorbeerblättern angenommen. Sie hält den Kopf gesenkt und die Augen geschlossen – vielleicht ein Ausdruck ihrer Hingabe an die Verwandlung, vielleicht auch in Anlehnung an die Worte Ovids: »Man sah wie ein Haupt den Wipfel sich senken«. Ihr Körper ist schmächtig wie ein Baumstamm und scheint aus der Erde emporzuwachsen. Daphnes Haltung und Gestik veranschaulichen aber nicht nur ihre Metamorphose, in ihnen klingt auch das Thema der Verfolgung an. Ihre emporgestreckten Arme und die leichte Drehung des Körpers zeigen, wie sie sich mit letzter Verzweiflung dem Verfolger entzieht.

Daphne stellt eine bemerkenswerte Ausnahme im Œuvre der Künstlerin dar. War sie vor allem wegen ihrer reizvollen Tierstatuetten und Porträts berühmt, hat sie mit Daphne eine Plastik voller existenzieller Ausdruckskraft und Originalität geschaffen, die zu den Hauptwerken der deutschen Plastik ihrer Zeit zählt. Dies erkannte auch der Leiter der Lübecker Museen, Carl Georg Heise, als er die Künstlerin 1930 beauftragte, eine fast lebensgroße vergoldete Fassung für das Museum anzufertigen.

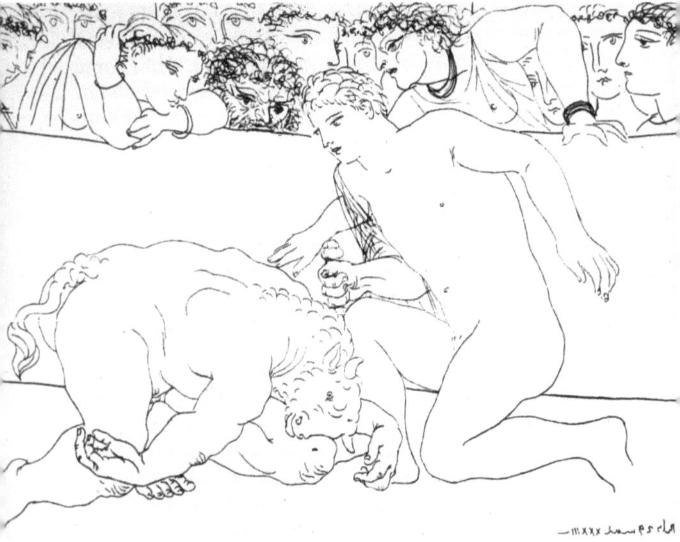

Pablo Picasso: Minotauros in der Arena
Radierung, 1933

Pablo Picasso: Minotauros in der Arena

Minotauros, halb Mensch, halb Stier, entsprang einer Verbindung der Königin Parsiphaë mit einem Stier. Um die Schande des Fehltritts zu verbergen, ließ ihr Gatte, König Minos, ein unterirdisches Labyrinth errichten, in das er das Ungeheuer einsperren ließ. Als Sühne für den hinterhältigen Mord an seinem Sohn verlangte Minos von den im Krieg unterlegenen Athenern jährlich sieben Mädchen und sieben Knaben, die er dem Minotauros opferte. Mit Ariadnes Hilfe gelang es Theseus, der sich freiwillig als Opfer angeboten hatte, Minotauros zu töten.

In der bildenden Kunst wurde Minotauros meist im Kampf gegen Theseus dargestellt. Erst die Künstler des Surrealismus haben die Vielschichtigkeit der Gestalt erkannt; sie sahen in ihr ein Bild der Komplexität der menschlichen Natur und nannten programmatisch eine ihrer wichtigsten Zeitschriften *Minotaure*, deren erste Nummer 1933 erschien. Den Umschlag zeichnete Picasso. In der Folgezeit wurde Minotauros ein zentrales Motiv in seiner Kunst. Picasso scheint sich mit Minotauros identifiziert zu haben und entwickelte eine vielfältige, vom antiken Mythos losgelöste Bilderwelt um die Gestalt.

Die Radierung erinnert an den Kampf von Theseus mit Minotauros. Die Szene spielt aber in einer Stierkampfarena. Der Sieg über den Minotauros lässt nicht an eine Heldentat denken. Dieser liegt zusammengesunken am Boden, vor ihm kniet ein ephebengleicher Jüngling, der ihn nun mit dem Dolch töten wird. Der erotische Charakter der Situation ist nicht zu übersehen. Hinter der Schranke schaut das Publikum, vor allem schöne Frauen, dem Geschehen gebannt zu; eine Frau wagt es sogar, den Rücken des Minotauros zu berühren. Ein Mann verfolgt mit weit aufgesperrten Augen den Vorgang, er ist wohl als ein *alter ego* des Künstlers zu verstehen.

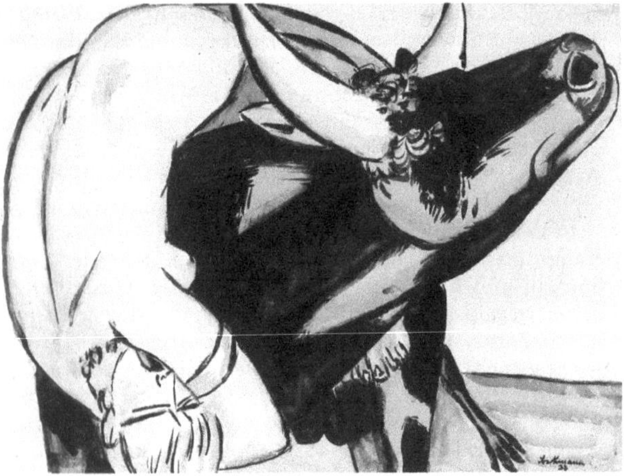

MAX BECKMANN: Europa und der Stier
Aquarell, 1933, Privatbesitz

Q: Ovid, Met. II,862–875

Max Beckmann: Europa und der Stier

Max Beckmann, der oft Ausdruck für sein Lebensgefühl in verschlüsselten, parabelhaften Darstellungen suchte, hat dabei nur selten auf antike mythologische Themen zurückgegriffen. Die vorliegende Entführung Europas durch den Stier ist eines dieser Werke. Dass es sich dabei auch um einen Kommentar zum Tagesgeschehen handelt, steht außer Zweifel. Das Bild entstand kurz nachdem Beckmann Anfang 1933 auf Druck der Nationalsozialisten seine Stellung an der Kunstgewerbeschule Städel in Frankfurt verloren hatte und nach Berlin gegangen war. Es darf als Ausdruck seiner Reaktion auf die politische Situation verstanden werden.

Anders als die meisten anderen Darstellungen der Entführung Europas, betont Beckmann die Brutalität des Ereignisses. Die Figuren sprengen die Bildfläche. Sie sind mit kräftigen, breiten Pinselstrichen gezeichnet, das Schwarz des Stieres kontrastiert düster gegen die helle Haut Europas und die Blau- und Violett-Töne von Meer, Himmel und dem Kleid der geraubten Frau. Die großen Hörner, der triumphierend empor gestreckte Kopf und sein dumpfer, bösartiger Blick unterstreichen die Wildheit des Bullen; Europa liegt als wehrlose Beute bäuchlings und fast ganz entblößt auf seinem Rücken. Frisur, Halskette und Armreif geben ihr einen etwas mondänen Charakter und versetzen damit die Szene in die Gegenwart. Der antike Mythos wird zur Parabel für die Vergewaltigung Deutschlands und des Erdteils durch Nationalsozialismus und Faschismus. Eine weniger eindeutige, komplexe Auseinandersetzung mit der politischen Situation stellt das erste von Beckmanns großen Triptychen, die 1932 begonnene und erst drei Jahre später vollendete *Abfahrt* (New York, The Museum of Modern Art) dar. 1937 musste Beckmann Deutschland verlassen. Er ging zunächst nach Amsterdam, um dann zehn Jahre später in die Vereinigten Staaten überzusiedeln.

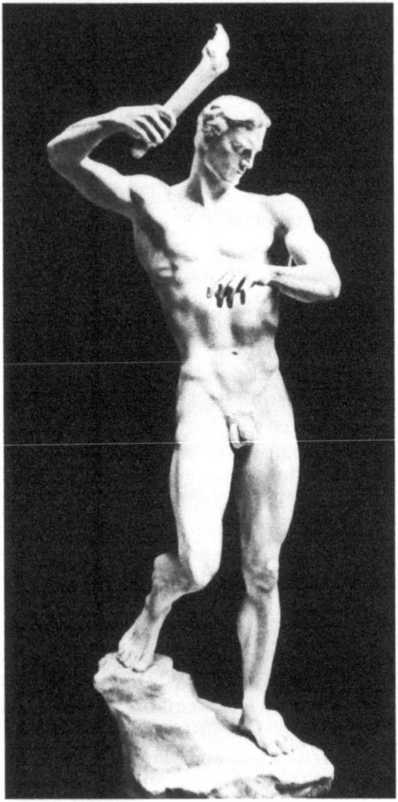

ARNO BREKER: Prometheus
Bronze, 1935, Privatbesitz

Q: Apollodorus I,7,1; Hesiod, Theogonie 561

Prometheus, der gegen die Macht der Götter aufbegehrte, den Menschen das Feuer brachte und dafür grausam bestraft wurde, ist ein bekanntes Thema in der Kunst. Am häufigsten wird seine Bestrafung dargestellt. Seine Qualen weisen auf das Leiden als unvermeidlichen Begleiter des Lebens hin.

Als Arno Breker das Prometheus-Thema für seine überlebensgroße Skulptur wählte, spielte dieser Aspekt für ihn keine Rolle. Er zeigt den triumphierenden Titanen, der mit dem Feuer auf die Erde hinabsteigt. 1935 entsprach dies einer offenen Stellungnahme für den Nationalsozialismus. Prometheus steht für das »neue Deutschland«, das militant sein Recht beansprucht. In *Mein Kampf* hatte Hitler die Prometheusgestalt im Sinne eines rassischen, »arischen« Konzeptes bereits beansprucht. Der Arier sei der »Prometheus der Menschheit ... aus dessen lichter Stirne der göttliche Funke des Genies ... hervorsprang ...«, heißt es dort. Durch ihn sei der Mensch befähigt worden, »den Weg zum Beherrscher der anderen Wesen dieser Erde« emporzusteigen.

Nicht weniger deutlich ist die Botschaft der künstlerischen Form. Breker hat hier den Idealtypus der nationalsozialistischen Heldenfigur gestaltet, einen Typus, den er in seinen Staatsaufträgen später immer wieder aufgreifen sollte. Der Körper hat in seiner übertrieben geformten Gestalt keinen Bezug mehr zur antiken Tradition, auf die man sich sonst gern berief; er entspricht am ehesten dem Ideal des Bodybuildings. Insofern war Brekers Kunst modern, man darf in diesem Zusammenhang an die Filme von Leni Riefenstahl denken. Breker wie auch anderen Künstlern ging es in der Tat darum, eine moderne, »heroische« und der Rassenideologie angepasste Körperästhetik zu schaffen, nicht in künstlerischer Anlehnung an die antike Kunst, sondern als deren Äquivalent, geschaffen auf der Grundlage des modernen Lebens.

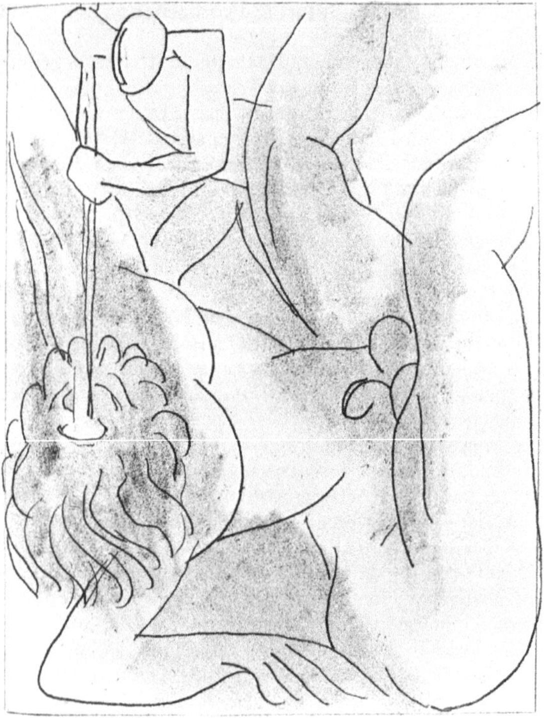

HENRI MATISSE: Odysseus blendet Polyphem
Radierung, 1935

Q: Homer, Odyssee IX,371–398

Henri Matisse: Odysseus blendet Polyphem

Das Blatt gehört zu einer Folge von sechs Radierungen zu Themen aus der *Odyssee*, die Matisse für eine amerikanische bibliophile Ausgabe des *Ulysses* von James Joyce machte. Das Verbot des 1922 erschienen Romans war in den USA erst 1934 aufgehoben worden.

Die überraschende Themenwahl könnte als Anspielung darauf verstanden werden, dass Joyce seinen Roman nach dem Muster der *Odyssee* komponiert hat. Die Erklärung ist wahrscheinlich aber viel simpler: Matisse, der sich mit Auftragsarbeiten meist schwer tat, wird den umfangreichen und schwierigen Roman vermutlich nicht einmal so weit angelesen haben, dass ihm bewusst geworden wäre, dass es sich um eine Geschichte handelt, die im modernen Dublin spielt, und nicht etwa um eine Wiedererzählung des antiken Epos. Wie dem auch sei: durch diesen Auftrag wurde Matisse, der im Allgemeinen narrative Themen mied, dazu angeregt, sechs Szenen der *Odyssee* zu illustrieren.

Im neunten Gesang der *Odyssee* wird erzählt, wie Odysseus und seine Männer zur Insel der Zyklopen gelangten und von dem einäugigen Polyphem gefangen genommen wurden. Nachdem dieser bereits sechs der Männer getötet und verspeist hatte, gelang es Odysseus, den Riesen trunken zu machen. Als dieser eingeschlafen war, stieß Odysseus einen glühen Pfahl in sein Auge und blendete ihn. Festgeklammert in der Wolle der Schafe, die der Riese morgens aus der Höhle herausließ, gelang es den Männern, dem blinden Wächter zu entkommen.

Matisse hat die Szene der Blendung mit flüchtigen, von der griechischen Vasenmalerei inspirierten Strichen gezeichnet. Der Zyklop, um ein vielfaches größer als Odysseus, fällt rücklings unter dem Stoß des Pfahls. Die Komposition füllt das Bildfeld aus und schafft trotz seines improvisierten Charakters einen sicheren Ausgleich zwischen der Räumlichkeit der Szene und der Fläche des Blattes.

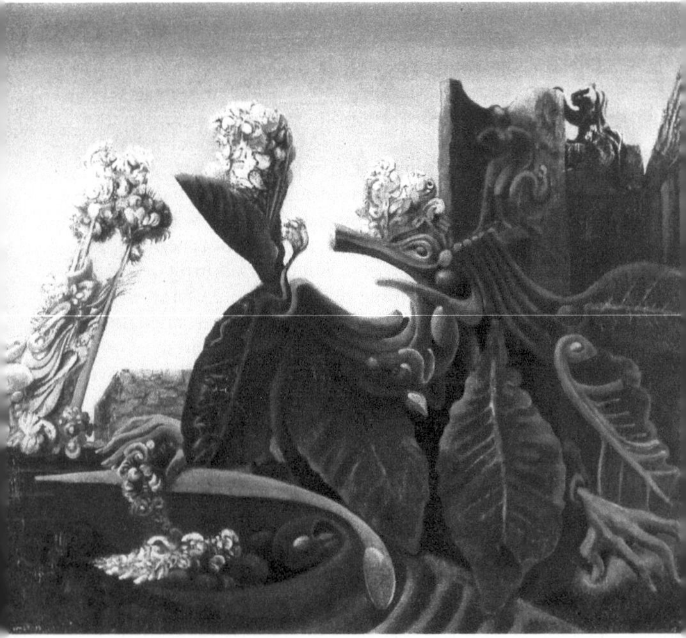

MAX ERNST: Die Nymphe Echo
Öl auf Leinwand, 1936
(New York, The Museum of Modern Art)

Q: Ovid, Met. III,359–401

Max Ernst: Die Nymphe Echo

Die Nymphe Echo liebte den schönen Narziss, der ihre Liebe nicht erwidern konnte und sie abwies. Aus Verzweiflung darüber verbarg sich Echo in den Wäldern. Ihre Trauer zehrte sie aus, bald blieb von ihr nur noch die Stimme. Narziss aber entdeckte in einer Quelle sein Spiegelbild und verliebte sich darin. Vergeblich versuchte er das Bild zu fassen. Aus dem Walde hallte das Echo seiner Klage zurück. Narziss siechte dahin und wurde im Tod in eine Blume verwandelt, die fortan seinen Namen trägt.

Die Nymphe Echo gehört zu einer Gruppe von Gemälden, die von wuchernden, zum Teil realistisch anmutenden, zum Teil surrealen Pflanzen dicht gefüllt sind. Zwischen den fleischigen Blättern werden phantastische pflanzenähnliche Kreaturen, unheimliche Mischwesen, halb Insekten, halb Vögel oder Reptile, sichtbar. Im Vordergrund des Bildes ist ein Brunnen zu erkennen, über den sich ein Gebilde aus dicken Blättern und amorphen Blüten beugt, die sich im Wasser spiegeln; zwei Hände sind ihm zuzuordnen und deuten an, dass es sich um ein verwandeltes menschliches Wesen, um Narziss, handelt. Echo ist im hinteren Teil des Bildes zu entdecken, klein und im Schatten eines hohlen Felsens halb verborgen. Sie ist nackt und in lasziver Haltung dargestellt. Eine Schlange neben ihr lässt an Eva und den Sündenfall denken. Die Farben sind dunkel und kühl, der giftig gelbe Streifen am Horizont unterstreicht die unheilvolle Stimmung des Bildes.

Wie alle Surrealisten sah Max Ernst in der Mythologie Spiegelungen der verborgenen Schichten der menschlichen Psyche. Spiegelt der Mythos von Narziss und Echo Max Ernsts pessimistische Auffassung von der Liebe zwischen Mann und Frau im Allgemeinen, so handelt es sich hier vielleicht doch vor allem um eine Darstellung der selbstbezogenen Abkapselung des Künstlers vom eigentlichen, kreatürlichen Leben.

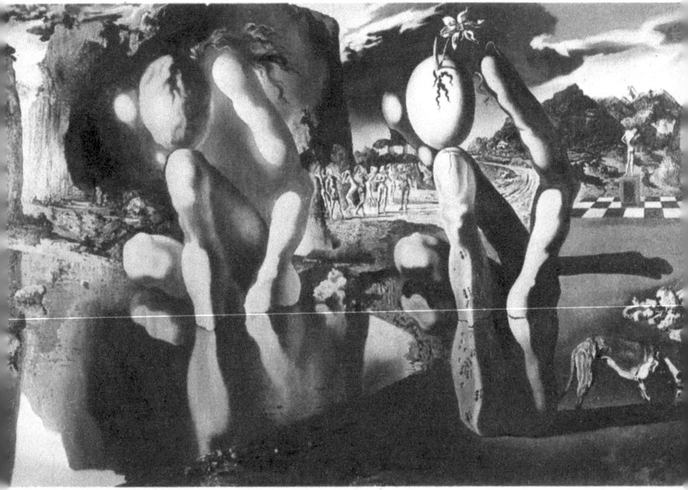

SALVADOR DALÍ: Metamorphose des Narziss
Öl auf Leinwand, 1937 (London, The Tate Gallery)

Q: Ovid, Met. III,345–510

Salvador Dalí: Metamorphose des Narziss

Anders als Max Ernst, der in seinem Gemälde zum Mythos des Narziss die Nymphe Echo in den Vordergrund stellte, ist Salvador Dalís Gemälde ganz auf das Schicksal des Narziss konzentriert. Es ist ein Bild des Narzissmus. Sigmund Freud, der diesen Begriff eingeführt hatte, wurde von Dalí und den übrigen Surrealisten sehr bewundert. Wie Freud sahen auch sie in den antiken Mythen poetische Bilder der unbewussten Triebe und Konflikte der menschlichen Psyche. Das erklärt die Häufigkeit solcher Themen in ihrer Kunst.

Narziss befindet sich in einer sterilen, dramatisch erleuchteten Felsenlandschaft. Er sitzt in sich versunken am Rande einer Quelle, in der sich seine Gestalt spiegelt. Sein Kopf ist geneigt, das Gesicht verborgen, wodurch die Gestalt identitätslos wirkt. Das grelle Licht hebt einzelne Teile des Körpers hervor, während andere in eine unbestimmte Schattenzone versinken. Dies lässt den Körper substanzlos werden und macht das Dahinwelken des Selbstverliebten deutlich. Im Vordergrund des Bildes ragt eine verknöcherte, zum Teil in Stein verwandelte Hand empor, die mit drei Fingern ein Ei zur Schau hält, aus dem eine weiße Narzisse sprießt. Kleine, lebhaft agierende nackte Gestalten im Hintergrund stellen wahrscheinlich die vielen Mädchen und Jünglinge dar, die, wie Ovid erzählt, sich vergeblich um die Liebe des Narziss bemühten. Ihnen gegenüber steht Narziss auf einem hohen Sockel, wie eine lebende Statue, und betrachtet selbstverliebt seinen Körper.

Das schachbrettgemusterte, in der rauen Landschaft künstlich anmutende leere Pflaster, das Narziss umgibt, betont seine Einsamkeit. Auch die Öde der Landschaft und die zu Stein werdende Hand unterstreichen die Sterilität des Narzissmus. In überraschendem Kontrast dazu steht das Motiv der Metamorphose, das Sprießen der weißen Blüte aus dem Ei, als ein Zeichen von Hoffnung und Werden.

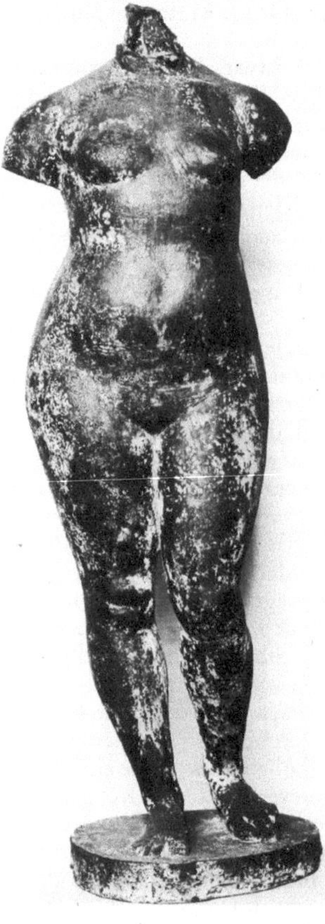

MARINO MARINI: Pomona
Bronze, 1941 (Fondazione Marino Marini)

Marino Marini: Pomona

Pomona war in der römischen Mythologie die Göttin der Gärten und damit auch der Fruchtbarkeit. Seit der Renaissance wurde sie in der bildenden Kunst oft dargestellt, nicht selten in Gesellschaft ihres männlichen Gegenstücks Vertumnus. Wenn Marino Marini seine lebensgroße Bronzefigur *Pomona* nennt, so lassen nur ihre vollen Körperformen an eine Fruchtbarkeitsgöttin denken. Attribute, die auf ihre Identität hinweisen, fehlen. Der Name Pomona charakterisiert also vor allem den Typus der Figur, gibt aber mit diesem Namen der Plastik eine stärkere Eigenidentität. Eine solche Bezugnahme auf die antike Mythologie ist in der Kunst des 20. Jh.s nicht selten.

Auch wenn der Künstler seine Plastik klar betitelt hat, erscheint sie dennoch anonym, da ihr Kopf und Arme fehlen. Sie ist ein Fragment, was ihre Wirkung nicht schmälert – ganz im Gegenteil. Die Aufmerksamkeit wird auf die plastischen Formen als solche gelenkt und auf die kunstvoll raue Behandlung der Oberflächen, die suggerieren will, dass die Bronze vielleicht Jahrhunderte lang in der Erde verborgen lag. Es ist das subtile Gleichgewicht zwischen solcher Abstraktion und der Sinnlichkeit des Körpers, die den Reiz der Pomona ausmacht. Diese Eigenschaft teilt sie mit der Mehrzahl der weiblichen Aktfiguren Marinis, von denen gesagt worden ist, sie könnten alle Pomona heißen.

Marino Marini gehörte dank seiner Fähigkeit, Bilder der prekären menschlichen Existenz nach den Erfahrungen des Zweiten Weltkrieges zu schaffen, ohne den Boden der Tradition zu verlassen, in den ersten Jahrzehnten nach dem Krieg zu den am meisten beachteten europäischen Künstlern. Seinen Ruhm haben vor allem die expressiven und oft stark abstrahierten Reiterfiguren, die »Cavalieri«, begründet. Sie lassen besonders deutlich erkennen, wie intensiv sich Marini in diesen Jahren mit der etruskischen Kunst auseinandersetzte.

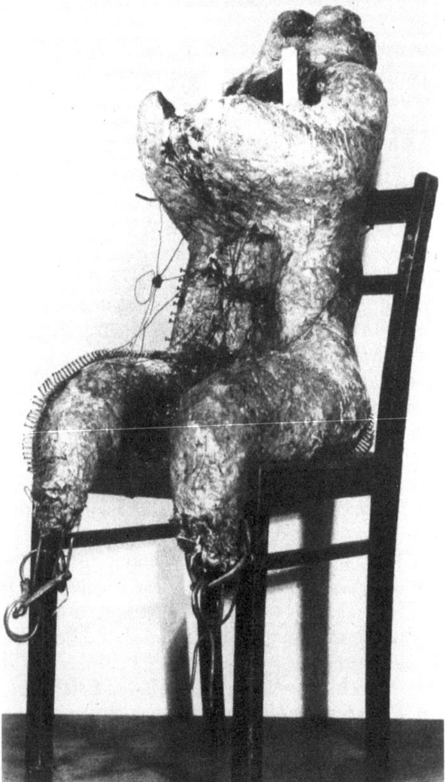

WŁADISŁAW HASIOR: Niobe
Wachs, Metall, Glas, Kerzen, 1961 (Kunstmuseum Łodz)
Q: Apollodorus III,5,6; Ovid, Met. VI,165–312

Władisław Hasior: Niobe

Die aus Wachs modellierte, verstümmelte Frauengestalt sitzt auf einem Stuhl. Ihr fehlen Füße, Hände und Kopf. Ihre Armstümpfe umschließen einen breiten schüsselartigen Hohlraum, in dem zwei Kerzen stehen. Der Körper ist übersäht mit Nägeln und Stiften, zwischen denen dünne Drähte gespannt sind. An den Unterschenkeln sind biegsame Eisenstangen, die an Fußprothesen erinnern, befestigt. Die Gestalt weckt grausame Assoziationen an Krieg und Folter und ist auch als Auseinandersetzung des Künstlers mit dem Zweiten Weltkrieg interpretiert worden. Die Bezeichnung *Niobe* weist aber über die konkrete historische Katastrophe hinaus und stellt das Werk in einen weiteren, mythischen Zusammenhang. Dabei handelt es sich um eine assoziative Verbindung, denn die Skulptur illustriert in keiner Weise die Niobe-Sage.

Niobe, hochmütig und stolz über ihre vielen Kinder, verhöhnte Latona, die Mutter Dianas und Apolls, weil diese nur zwei Kinder hatte und diese auf der Flucht hatte gebären müssen. Latona, tief beleidigt, bat Apoll und Diana sie zu rächen. Sie taten es und töteten mit ihren Pfeilen Niobes Kinder. Niobe, selbst unversehrt, wurde in ihrer Verzweiflung in einen Stein verwandelt. So schrecklich ihr Schicksal auch war, sie hatte die Strafe für ihre Vermessenheit selbst herausgefordert. Ob Hasior auch diesen Aspekt des Mythos im Sinne gehabt hat, ist eher fraglich.

Die Tragödie Niobes ist Thema einer berühmten antiken Skulpturengruppe von Praxiteles oder Skopas (um 450 v. Chr.; in Kopie erhalten, Uffizien, Florenz). Abgesehen davon sind Darstellungen dieser Geschichte in der Kunst selten. Indem Hasior, der zu den polnischen Künstlern gehörte, die in den 1960er- und 1970er-Jahren zu den internationalen modernen Kunstströmungen Anschluss fanden, Niobe selbst, und nicht ihre Kinder, als verstümmeltes Opfer darstellt, weicht er wesentlich vom Mythos ab.

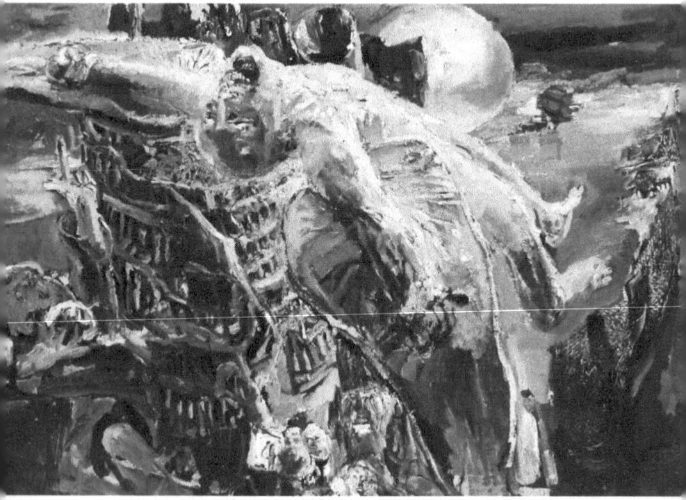

BERNHARD HEISIG: Sterbender Ikarus
Öl auf Leinwand, 1978/79, Privatbesitz

Q: Apollodorus III,16, Epitome I,12–15

Bernhard Heisig: Sterbender Ikarus

Das Ikarusthema spielt eine zentrale Rolle in der Kunst Bernhard Heisigs. Der Sturz des Ikarus wird dabei zur Metapher des maßlosen Fortschrittsstrebens, aber auch des Muts, das Unmögliche zu wagen. Das Motiv kann als Ausdruck jenes »Geschichtspessimismus« gelten, den die offizielle Kunstkritik der DDR dem Künstler in den 1960er-Jahren vorzuwerfen pflegte, es kann aber auch für dessen künstlerischen Freiheitsdrang stehen.

Das Gemälde *Sterbender Ikarus* lässt allerdings keine hoffnungsvolle Deutung zu. Ikarus stürzt rücklings und mit ausgebreiteten Flügeln zu Boden. Sein Körper ist leichenblass, der Mund zu einem Schrei geöffnet. Hinter dem Stürzenden ragt der Turm zu Babel als Bauruine vor dem blutroten Himmel und der gelb leuchtenden Sonnenkugel empor. Eine grünblaue Wasserfläche betont die Weite und Leere der Landschaft. Halb versunken im Wasser ist ein schmales Stück Land zu sehen, auf dem zwei Kriegsheere zusammenstoßen. Beide Motive sind der Kunstgeschichte entlehnt und tauchen als Versatzstücke wiederholt in Heisigs Gemälden auf. Der Turm zu Babel ist nach dem Vorbild Pieter Bruegels, das Schlachtengetümmel nach Altdorfers Alexanderschlacht gemalt worden. Am unteren Rand des Bildes sind grotesk gezeichnete Vertreter von Wissenschaft und Religion zu erkennen.

Ikarus ist auch die zentrale Figur eines Gemäldes, das der Künstler 1975 für den Palast der Republik in Ost-Berlin schuf. Dort stürzt Ikarus aber nicht, sondern scheint vielmehr dem ihn umgebenden Chaos zu entfliehen. Dieser *Ikarus* gehörte zu den 16 von den führenden Künstlern der DDR gemalten großen Bildern, die im Foyer hingen und diesen Raum zu einer bemerkenswerten Galerie der deutschen Gegenwartskunst machten. Die Arbeiten standen unter dem Motto: »Dürfen Kommunisten träumen« und markierten eine Wende in der Kunstpolitik der DDR.

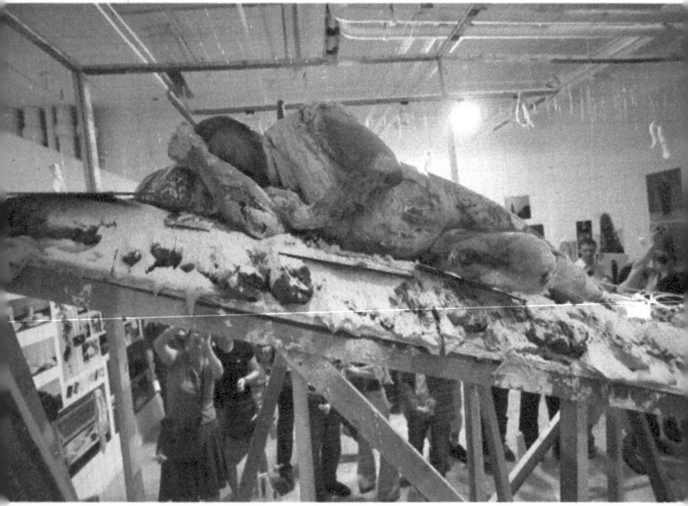

Bjørn Nørgaard: Sisyphus begegnet Konfuzius und bekommt seine erste Tasse chinesischen Tee
Happening, Peking, Mai 2007

Q: Hyginus, Fab. 38; Ovid, Met. IV,460 ff.

Bjørn Nørgaard: Sisyphus begegnet Konfuzius und bekommt seine erste Tasse chinesischen Tee

Bjørn Nørgaard führte das Happening zur Eröffnung einer Ausstellung in Peking durch. Er schleppte, völlig nackt, anderthalb Tonnen Ton, Gips und Kies auf einer steilen Rampe empor. Anschließend rollte er einen großen Stein über diese mit Spiegeln bedeckte Rampe wieder hinunter. Er selbst folgte barfuß über die Scherben und bereitete sich eine Tasse Tee, während er dem Publikum aus den Schriften des Konfuzius vorlas.

Wenige Geschichten aus der antiken Mythologie dürften so bekannt sein wie das Schicksal des Sisyphus; »Sisyphusarbeit« ist ein Begriff in den meisten europäischen Sprachen. Sisyphus war dazu verurteilt, einen schweren Stein einen steilen Berg empor zu rollen. Kaum war er oben, rollte der Stein wieder hinunter, so dass er immer wieder von vorne anfangen musste. Welche Untat er zu sühnen hatte, scheint kein Interesse geweckt zu haben. Einzig die Strafe, die endlose sinnlose Arbeit, ist in Erinnerung geblieben. Sie entspricht einer Erfahrung, die an Aktualität wohl nie verliert.

Als Bjørn Nørgaard den Sisyphusmythos zum Thema eines Happenings wählte, ging es ihm aber nicht um eine Parabel der fruchtlosen Arbeit. Vielmehr verdeutlicht der Titel, dass ihn die Begegnung europäischer und fernöstlicher Kultur interessierte. Sisyphus steht für die westliche Ideologie, um jeden Preis die Spitze zu erreichen, während Konfuzius eine Lebenshaltung verkörpert, die Harmonie und Ausgeglichenheit sucht. Dass es sich dabei nicht um eine Gegenüberstellung im Sinne von schlecht und gut geht, sondern um zwei alternative Haltungen zum Leben, darauf deuteten die zerbrochenen Spiegel; Nørgaard nennt sie die »Spiegel des Narziss«. Wenn sie unter dem Stein zersplittern, könnte dies auf die Befreiung des Narziss aus seinem Wahn verweisen.

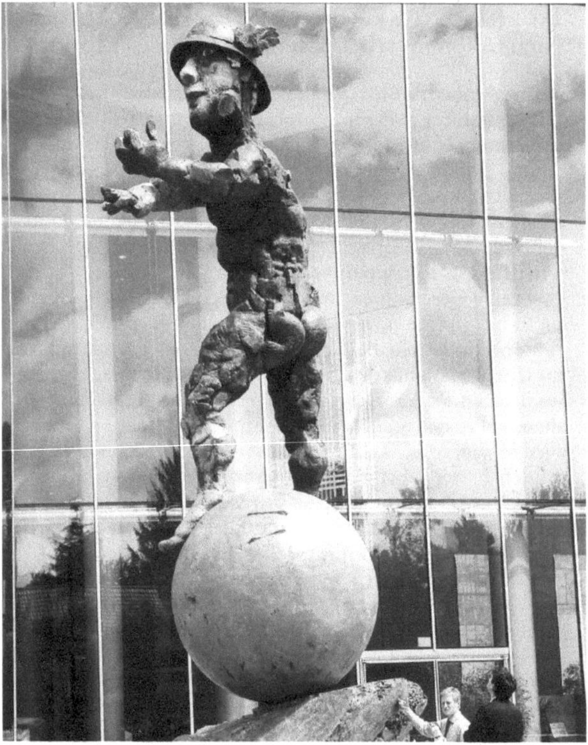

Markus Lüpertz: Merkur
Bronze, 2007 (Bonn)

Markus Lüpertz: Merkur

Im Sommer 2007 wurde unter großer Anteilnahme der Medien die elf Meter hohe Skulptur vor dem Hochhaus der Deutschen Post in Bonn enthüllt. Die Idee, das Verwaltungsgebäude eines Kommunikationsunternehmens wie der Post mit einer Statue Merkurs zu schmücken, liegt nahe, war dieser doch der Bote der Götter und für seine Schnelligkeit bekannt. »Merkur verkörpert ... Handel, Transport und globale Informationsströme. Er ist ein perfektes Sinnbild für die Kernkompetenz unseres weltumspannenden Unternehmens«, hieß es bei der Enthüllung. Dabei hat man den Eindruck, dass über den Gott Merkur als Idee, und nicht über das aktuelle Kunstwerk gesprochen wurde. Lüpertz' Merkur wirkt beim näheren Hinsehen alles andere als geeignet, die gemeinten Kernkompetenzen zu verkörpern. Der Künstler lässt ihn auf einer großen blauen Kugel, die über einen unebenen Steinblock zu rollen scheint, balancieren. Seine Lage ist labil und nicht unter Kontrolle. Jedenfalls verkörpert die Skulptur nicht das Bild eines Gottes, der sich souverän durch die Lüfte bewegt und den Erdball umrundet.

Die Figur wirkt zunächst nur notdürftig zusammengeknetet. Arme und Beine sind kindlich kurz, der Kopf unproportional groß. Allerdings hat Lüpertz die buckeligen, runden Formen des Gussmodells mit Messer und Feilen bearbeitet und ihm damit eine herbe Prägnanz verliehen, die den Eindruck des Unfertigen oder Zufälligen unterläuft. Besondere Akzente bildet die Bemalung; das fleischige Gesicht ist rosig bunt, die Augen treuherzig blau, und am Körper beleben scheinbar willkürlich verteilte rosa, blaue und grüne Flecken das dunkel patinierte Metall.

Mit ihrer bewussten Naivität und groben Ausführung ironisiert diese Figur den Perfektionismus der Glasfassade des Post-Towers und mit ihr die oberflächliche Glätte der globalen Wirtschaftswelt.

Literaturhinweise

Gesamtdarstellungen

Burn, Lucilla: Griechische Mythen. Eine Einführung. Aus dem Engl. übers. von Ingrid Rein. Stuttgart 2016.

Gardner, Jane: Römische Mythen. Eine Einführung. Aus dem Engl. übers. von Ingrid Rein. Stuttgart 2016.

Kerényi, Karl: Die Mythologie der Griechen. 2 Bde. Zürich 1958–64.

Der kleine Pauly. Lexikon der Antike. Hrsg. von K. Ziegler und W. Sontheimer. 5 Bde. Stuttgart 1964–75.

Harrauer, Christine / Hunger, Herbert: Lexikon der griechischen und römischen Mythologie. Mit Hinweisen auf das Fortwirken antiker Stoffe und Motive in der bildenden Kunst, Literatur und Musik des Abendlandes bis zur Gegenwart. Purkersdorf 2006.

Moritz, Karl Philipp: Götterlehre oder mythologische Dichtungen der Alten. [1791.] Frankfurt a. M. 1979.

Nilsson, Martin P.: Geschichte der griechischen Religion. In: Handbuch der Altertumswissenschaft V. 2,1–2. München ^{4}1974–76.

Ranke-Graves, Robert von: Griechische Mythologie 1–2. Reinbek 1960. – Neuausgabe 1984. [Engl.: *The Greek Myths*, 1955.]

Schefold, Karl (mit Luca Giuliani): Götter- und Heldensagen der Griechen in der spätarchaischen Kunst. München 1979.

– (mit Franz Jung): Die Göttersage in der klassischen und hellenistischen Kunst. München 1981.

Simon, Erika: Die Götter der Griechen. München 1969.

– Die Götter der Römer. München 1990.

Tripp, Edward: Reclams Lexikon der antiken Mythologie. Übers. von Rainer Rauthe. 8., bibliogr. aktual. Aufl. Stuttgart 2012.

Antike Mythologie im Mittelalter und in der Neuzeit

Aghion, Irène: Reclams Lexikon der antiken Götter und Heroen in der Kunst. Stuttgart 2000. [Frz. Ausgabe 1994.]

Apollodorus: Bibliotheca sive de deorum origine. Rom 1555.

Apuleius: Asinus aureus. Bologna 1500.

Barkan, Leonard: The Gods Made Flesh. Metamorphosis and the Pursuit of Paganism. New Haven / London 1986.

Bersuire, Pierre: De formis figurisque deorum. [Um 1340.] Utrecht 1960.

Boccaccio, Giovanni: Genealogie deorum gentilium. [1350–62.] Hrsg. von U. Zaccharia [als Bd. 7 und 8 von *Tutte le opere*]. Mailand 1998.

Brumble, H. David: Classical Myths and Legends in the Middle Ages and Renaissance. London 1998.

Bull, Malcolm: The Mirror of the Gods. How Renaissance Artists Rediscovered the Pagan Gods. Oxford 2005.

Cartari, Vincenzo: Imagini delli dei de gl'antichi. [1556.] – Nachdruck der Ausgabe Venedig 1647 mit einer Einleitung von W. Koschatzky, Akademische Druck- und Verlagsanstalt, Graz 1963.

Dolce, Lodovico: Le transformationi. Venedig 1561.

Fulgentius, Fabius C. G.: Mythologiae. In: Opera. Stuttgart 1970.

Herold, Johann: Heydenweldt und irer Götter anfängcklicher ursprung. Basel 1554.

Huber-Rebenich, Gerlinde: »Metamorphosen der Metamorphosen«: Ovids Verwandlungssagen in der textbegleitenden Druckgraphik. Ausstellungskatalog Jena. Rudolstadt 1999.

– Ikonographisches Repertorium zu den Metamorphosen des Ovid: Die textbegleitende Druckgraphik. Berlin 2004.

Hyginus: Fabularum liber. Basel 1535.

Impelluso, Lucia: Götter und Helden der Antike. Hrsg. von Stefano Zuffi [Bildlexikon der Kunst I.]. Berlin 2003.

Killy, Walther (Hrsg.): Mythographie der Frühen Neuzeit. Ihre Anwendung in den Künsten. Wiesbaden 1984.

Lücke, Hans-Karl und Susanne: Antike Mythologie. Ein Handbuch. Der Mythos und seine Überlieferung in Literatur und bildender Kunst. Reinbek bei Hamburg 1999.

– Helden und Götter der Antike. Ein Handbuch. Der Mythos und seine Überlieferung in Literatur und bildender Kunst. Reinbek bei Hamburg 2002.

Mander, Karel van: Wtlegghinghe, en sin ghevende verclaringhe, op den Metamorphosis Publij Ovidij Nasonis. Haarlem 1604.

Moog-Grünewald, Maria: Mythenrezeption. Die antike Mythologie in Literatur, Musik und Kunst von den Anfängen bis zur Gegenwart. Stuttgart 2008.

Morales, Helen: Classical Mythology. A Very Short Introduction. Oxford 2007.

Panofsky, Erwin: Studies in Iconology. Humanistic Themes in the Art of the Renaissance. Oxford / New York 1939.
– Renaissance and Renascences in Western Art. Stockholm 1960.
Plinius: Historiae naturalis libri xxxvii. Venedig 1469.
– (Übers. Johann Heyden): Caij Plinij Secundi, Des fürtrefflichen, Hochgelehrten alten Philosophi Bücher und Schriften von der Natur und Eigenschafft der Creaturen und Geschöpfe Gottes [mit 200 Holzschnitten von Jost Amman]. Frankfurt a. M. 1565.
Reid, Jane Davidson / Chris Rohman: The Oxford Guide to Classical Mythology in the Arts 1300–1990. 2 Bde. Oxford 1993.
Schoon, Peter / Sander Paarlberg (Hrsg.): Greek Gods and Heroes in the Age of Rubens and Rembrandt. Dordrecht 2001.
Seznec, Jean: La survivance des dieux antiques (Studies of the Warburg Institute XI. London 1940. [Engl.: *The Survival of the Pagan Gods. The Mythological Tradition and its Place in Renaissance Humanism and Art*, 1953.]
Sluijter, Eric J.: De »Heydensche Fabulen« in de Noordnederlandse schilderkunst c. 1590–1670. Den Haag 1986.
Thimann, Michael: Lügenhafte Bilder. Ovids *favole* und das Historienbild in der italienischen Renaissance. Göttingen 2002.
Wiedergeburt griechischer Götter und Helden. Homer in der Kunst der Goethezeit. [Ausstellungskatalog des Winckelmann-Museums in Stendal.] Mainz 1999.

Themen

Bardon, Françoise: Le Portrait mythologique à la cour de France. Paris 1974.
Baumstark, Reinhold / Peter Volk: Apoll schindet Marsyas. München 1995.
Brink, Claudia / Wilhelm Hornbostel: Pegasus und die Künste. München 1993.
Damisch, Herbert: The Judgement of Paris. Chicago 1996.
Emmerling-Skala, Andreas: Bacchus in der Renaissance. Hildesheim 1994.
Heldmann, Konrad: Dichtkunst und Liebeskunst. Die mythologischen Erzählungen in Ovids *Ars amatoria*. Göttingen 2001.
– Europa und der Stier, oder der Brautraub des Zeus. Die Entführung Europas in den Darstellungen der griechischen und römischen Antike. Göttingen 2016.

Holman, Beth L.: Goltzius' *Great Hercules*: Mythology, Art and Politics. In: Nederlands Kunsthistorisch Jaarboek 42–43 (Leiden 1991–92) S. 397–412.
Jones, Roger: »What Venus did with Mars«: Battista Fiera and Mantegna's *Parnassus*. In: Journal of the Warburg and Courtauld Institutes 44 (1981) S. 193–198.
Karano, Katia: Apoll und Marsyas. Frankfurt a. M. 1998.
Mommsen, Theodor E.: Petrarca and the story of the choice of Hercules. In: Journal of the Warburg and Courtauld Institutes 16 (1953) H. 3. S. 178–192.
Mudt, Barbara: Die Verführung der Europa. Berlin 1988.
Mythos Europa. Europa und der Stier im Zeitalter der industriellen Revolution. Ausstellungskatalog Bremen und Bonn. Bonn 1988.
Panofsky, Erwin: Herkules am Scheidewege. Leipzig 1930.
Saslow, James M.: Ganymede in the Renaissance. New Haven 1986.
Sluijter, Eric J.: Emulating sensual beauty: representations of Danaë from Gossaert to Rembrandt. In: Simiolus 27 (1999) S. 4–45.
Stechow, Wolfgang: Apollo und Daphne. [1932.] Darmstadt 1965.
Verheyen, Egon: Correggio's *Amori di Giove*. In: Journal of the Warburg and Courtauld Institutes 29 (1966) S. 160–92.
Weiland-Pollenberg, Florian: Amor und Psyche in der Renaissance. Medienspezifisches Erzählen im Bild. Petersberg 2004.
Wetzel, Christoph: Ovids *Metamorphosen* und die bildende Kunst. Stuttgart 2016.

Künstlerregister

Verzeichnis der mythologischen Gestalten

Die Namen der griechischen und römischen Götter wurden nicht vereinheitlicht und unter ihrer jeweiligen Benennung angegeben; auf relevante Gleichsetzungen wird verwiesen.

Zum Autor

Lars Olof Larsson, geb. 1938 in Västerås (Schweden), studierte Kunstgeschichte, Literaturwissenschaft und Germanistik an den Universitäten von Stockholm, Berlin (FU) und Wien. Promotion in Stockholm 1967 mit der Dissertation *Adrian de Vries. Adrianus Fries Hagiensis 1546–1627* (Wien/München 1967). Lehrtätigkeit in Stockholm seit 1967, 1972 Fellow am Harvard Center for Renaissance Studies, Villa »I Tatti«, Florenz; 1973 Lehrauftrag an der Boston University, 1980–2003 Direktor des Kunsthistorischen Instituts der Christian Albrechts-Universität in Kiel, 1991–92 Fellow am Netherlands Institute for Advanced Study (NIAS), Wassenaar.